そのまま食べる作りおき

はじめに

忙しい毎日。
時間のあるときに作っておける、
「作りおき」のおかずがあれば、
帰りが遅くなった夜も、忙しい朝も、
手作りの味で、すぐに食卓を囲めます。

この本で紹介する「作りおき」は、
冷蔵庫から出してすぐ、食卓に並べられるもの。
ちょっと温めるだけで、おいしいもの。
どれも、"そのまま"食べられるおかずレシピです。

『平日20分で作る、スピード作りおき』(p.13〜)は、
短い時間でさっと作れるレシピを考えました。
平日だから、夕食作りのついでに作れます。
平日だから、野菜を切ってあえるだけのレシピも。

『作るを楽しむ、休日のてまひま作りおき』(p.61〜)は、
時間に余裕のある休日に作るのがおすすめです。
休日だから、時間をかけたからこそのおいしさがあります。
休日だから、材料を買いこんで作るレシピも。

『アレンジOK！ 三度おいしい作りおき』(p.99〜)は、
そのまま食べてもおいしく、
主食や別のおかずにもアレンジできるレシピ。
"混ぜるだけ""のせるだけ"など、
手軽なアレンジのレシピを紹介しています。

日々の暮らしは、「同じ毎日のくり返し」ではありません。
急な用事や家族の予定、気分や体調など、
その時々によって変動します。
そんなときに、「作りおき」があるとほっと安心。
「10分で作れるものを」
「体が温まりそうな煮こみを作りおきたい」など、
みなさんの毎日に合わせて、
「作りおき」をお役立てください。

目次

平日20分で作る、スピード作りおき

- 14 | とり肉とだいこんの煮もの
- 15 | とり肉とごぼうの黒こしょう炒め
- 16 | とりむね肉の白ワイン蒸し
- 17 | ささみのわさび酢あえ
- 18 | 豚肉の和風カレー煮
- 19 | 野菜たっぷり酢豚風炒め
- 20 | 豚しゃぶとわかめの中華あえ
- 21 | 揚げ豚のエスニックソース
- 22 | 牛肉とたけのこのしぐれ煮
- 23 | ねぎハンバーグ
- 24 | ひき肉の油揚げロール
- 25 | とりみそつくね
- 26 | 高菜そぼろ
- 27 | さけの焼きびたし
- 28 | さばの黒酢揚げ
- 29 | わかさぎの南蛮漬け
- 30 | いかとセロリのレモンマリネ
- 31 | えびとマッシュルームのオイル煮
- 32 | たこと大豆のマリネ
- 33 | ほたてのエスカベーシュ
- 34 | さんま缶のトマト煮
- 35 | ツナといんげんの落とし焼き
- 36 | 青菜のシンプルナムル
- 37 | かぶのもずく酢あえ
- 38 | 豆もやしのカレーマリネ
- 39 | ごぼうの豆乳みそ煮
- 40 | コールスロー
- 41 | まいたけとわかめの炒めナムル
- 42 | にんじんとねぎのザーサイあえ
- 43 | キャベツとセロリのめんつゆあえ
- 44 | なすのごま煮
- 45 | だいこんのからしマヨ炒め
- 46 | たけのこのかか煮
- 47 | トマトのらっきょうドレッシング
- 48 | 塩炒めなます
- 49 | ズッキーニの梅おかか
- 50 | しいたけのみそマヨチーズ焼き
- 51 | ししとうとじゃこのごまぽん炒め
- 52 | かぼちゃの甘みそあえ
- 53 | ジャーマンポテト
- 54 | 切り干しだいこんのナポリタン
- 55 | カラフル野菜のスパニッシュオムレツ
- 56 | クミンビーンズ
- 57 | しらたきのピリ辛ぽん酢いり
- 58 | のりのつくだ煮

作るを楽しむ、休日のてまひま作りおき

- 62 | 筑前煮
- 64 | 韓国風甘辛チキン
- 65 | とりレバーのソース煮
- 66 | みそ味煮豚と煮卵
- 68 | 白みそ味の和風ポトフ
- 70 | スペアリブのフライパン焼き
- 71 | 五目きんぴら
- 72 | 牛肉と野菜の赤ワイン煮
- 74 | ロールキャベツ
- 76 | ドライカレー
- 78 | コーンのミートローフ
- 79 | チリコンカン
- 80 | 肉だんごの黒酢あん
- 82 | 枝豆しゅうまい
- 83 | 2種の春巻き(えびとしそ／ハムとピーマン)
- 84 | えびのミニグラタン
- 86 | いわしのしょうが煮
- 87 | かんたんオイキムチ
- 88 | 夏野菜の揚げびたし
- 90 | ラタトゥイユ
- 92 | いろいろ野菜のピクルス
- 93 | きゅうりの一本漬け
- 94 | 厚焼き卵
- 95 | ひじきとおからのヘルシーナゲット
- 96 | チーズのオイル漬け

アレンジOK！三度おいしい作りおき

- 100 | レモン風味の塩どり
- 101 | 塩どりの白あえ
- 101 | 塩どりのフォー
- 102 | ソースそぼろ
- 103 | そぼろとにんじんのショートパスタ
- 103 | そぼろの温玉サラダ
- 104 | えびと枝豆の小判焼き
- 105 | 小判焼きの和風サラダ
- 105 | 小判焼きの春雨スープ
- 106 | さんまのオイル煮
- 107 | さんまとじゃがいものハーブグリル
- 107 | さんまの梅だれ丼
- 108 | かんたんザワークラウト
- 109 | ザワークラウトのさけちらし
- 109 | ザワークラウトビーンズ

コラム

- 6 | "そのまま"でおいしい理由
- 10 | 作りおきの、衛生のルール
- 59 | 保存容器の選び方
- 60 | 温めるときに気をつけること
- 97 | 食べるときのひと工夫
- 98 | 何を作るか迷ったら

"そのまま"でおいしい理由

時間がたっても、そのままおいしく。アレンジいらずで、そのままおいしく。
おいしさキープの工夫や技を盛りこみました。

1 日もちの工夫でおいしい

いたみや、味がうすまる原因になる水分を、できるだけカット。
抗菌効果が期待できる調味料を使ったり、
濃いめの味つけにしたりと、味のバリエーションも豊富です。

2 冷たくてもおいしい

スパイスで味にアクセントをつけたり、
くさみが出にくい下ごしらえをしたり。
冷たくてもおいしく食べられるように工夫しています。

3 時間がたつほどおいしい

時間がたつにつれて味がなじむものや、
作りたてとは違う味わいになるおかずには、
作りおいて食べる楽しみが待っています。

1 日もちの工夫でおいしい

●水分カット

保存中に野菜などから出る水分は、いたむ原因のひとつ。
水気が出にくくなるよう、材料や下ごしらえ、調理に工夫をしています。

- ●青菜のシンプルナムル(p.36)
- ●カラフル野菜のスパニッシュオムレツ(p.55)
- ●筑前煮(p.62)
- ●2種の春巻き(p.83)　など

●抗菌食材を使う

酢や梅干し、わさび、からしには、菌の繁殖をおさえる効果が期待できます。
日もちをサポートする食材を、料理の味つけに活用しています。

- ●ささみのわさび酢あえ(p.17)
- ●だいこんのからしマヨ炒め(p.45)
- ●ズッキーニの梅おかか(p.49)　など

●味つけはしっかり濃いめに

塩分や糖分を多めに加えることでいたみにくくなる効果があります。
また、味つけを濃いめにすると味が落ちにくく、保存性が高まります。

- ●牛肉とたけのこのしぐれ煮(p.22)
- ●切り干しだいこんのナポリタン(p.54)
- ●みそ味煮豚と煮卵(p.66)　など

2 | 冷たくてもおいしい

●くさみをしっかりとる＆消す

肉や魚のくさみ消しは、下ごしらえがカギ。
香味野菜もうまく活用して、風味よく食べられるようにしています。

- わかさぎの南蛮漬け(p.29)
- さんま缶のトマト煮(p.34)
- とりレバーのソース煮(p.65)　など

●風味や味のアクセントをつける

スパイスやハーブの風味がついていると、味わいが深まるだけでなく、
食欲が刺激され、箸が進みます。

- ほたてのエスカベーシュ(p.33)
- クミンビーンズ(p.56)
- しらたきのピリ辛ぽん酢いり(p.57)　など

●味をよくからませる

たれやあんをからませたり、煮汁を吸わせる工夫をしたりすることで、
味が落ちにくく、冷たくてもおいしく食べられます。

- とりみそつくね(p.25)
- なすのごま煮(p.44)
- 肉だんごの黒酢あん(p.80)　など

3 | 時間がたつほどおいしい

●味がまろやかになる

さめる過程で味がなじみ、できたてよりもまろやかな味わいになるおかずもあります。
酢やスパイスのとがった味も、次第にやわらぎます。

- ●牛肉と野菜の赤ワイン煮 (p.72)
- ●ドライカレー (p.76)
- ●いろいろ野菜のピクルス (p.92)　など

●味がしみこむ

漬け汁やマリネ液に漬けておくおかずは、時間がたつにつれて味がしみこみます。
作りたてとは異なる食感や味わいが楽しめます。

- ●たこと大豆のマリネ (p.32)
- ●かんたんオイキムチ (p.87)
- ●夏野菜の揚げびたし (p.88)　など

作りおきの、衛生のルール

おかずを長もちさせるために、調理中や保存時、食べるときに守りたいこと。
作りおきを安心して食べるために、下記の点に気をつけましょう。

● こまめに手を洗う

まずは菌をつけないことが大切。調理前はもちろん、調理中もこまめに手を洗うよう心がけます。石けんをしっかり泡立ててよく洗い、清潔なタオルやペーパータオルでふきましょう。くしゃみをおさえた手で野菜をとり出したり、生の肉や魚を扱った手で保存容器にさわったりしないように注意します。

● 調理道具は菌に注意

生の肉や魚には菌が多いので、調理中に野菜にうつらないように気をつけます。まな板は、「加熱が必要な肉や魚」と「野菜や、調理後の食材」で使い分けるか、「野菜→生の肉・魚」と切る順番に気を配ります。生肉や鮮魚を切った包丁は、そのつど洗剤でよく洗いましょう。

● 保存容器は清潔に

保存容器は、清潔なものを使用します。ふたやパッキンなどははずし、洗剤ですべてすみずみまできちんと洗います。すすいだあとに、熱湯を回しかけておけば、熱湯消毒に（耐熱性のない容器にはNG）。さらに、月1回程度は、台所用漂白剤などで除菌するのがおすすめです。

● 容器の水気をふく

清潔な乾いたふきんで水気をしっかりふきとります。ふたの溝や、容器のすみは水滴が残りがち。水滴は、おかずを入れたときにいたむ原因になるので、よくふきとります。また、ぬれたふきんは雑菌が繁殖しやすいもの。ふきんは複数枚用意し、ぬれたらとりかえましょう。

● おかずはさめてから
　容器に入れる

温かい料理を温かいうちに保存容器に入れると、容器の側面やふたに水蒸気がついてしまい、いたむ原因になります。保存容器に入れるのは、充分にさめてからにしましょう。急ぐときは、鍋やフライパンの底に氷水を当てて冷やすか、一度バットなどに広げてさまします。

● 菜箸は複数を使い分ける

保存容器におかずを入れるときはもちろん、とり出すときも清潔な菜箸やスプーンを使います。ほかで使った箸はそのまま使わず、一度洗って水気をふいてから使うか、別の箸を用意しましょう。

● 冷蔵庫の中もきれいに

冷蔵庫の中には、雑菌がひそんでいることも。食材や作ったおかずに影響が出ないよう、清潔を保ちます。また、ぎゅうぎゅう詰めだと、冷気が流れにくく、庫内を適切な温度に保てなくなります。整理整頓を心がけましょう。

● 作った日付と料理名をメモ

せっかく作ったおかずですから、食べ忘れていたんでしまわないように、保存容器には作った日付と中身をメモしておきましょう。保存容器は重ねておくこともあるため、メモは、上面ではなく、側面から見えやすいようにつけます。

この本の表記について

計量の単位（mℓ＝cc）
大さじ1＝15mℓ　小さじ1＝5mℓ

電子レンジ
加熱時間は500Wのめやす時間です。
600Wなら加熱時間を0.8倍、700Wなら0.7倍にして、
ようすを見ながら加熱してください。

グリル
片面焼きグリルを使い、予熱の要・不要は取扱説明書に従います。
両面グリルの場合は、途中で返す必要はありません。

フライパン
フッ素樹脂加工のフライパンを使用しています。

だし
けずりかつお（かつおぶし）でとっただしを使います。
市販のだしの素を使う場合は、商品の表示を参考にして、
水などでうすめてください。

スープの素
「固形スープの素」と「スープの素」は、ビーフやチキンなどお好みで。
「とりがらスープの素」は中華スープの素で代用できます。
商品によって風味や塩分が異なるので、味見をして調整しましょう。

カロリー・塩分
日本食品標準成分表（七訂）をもとに、ベターホームの見解を加えて計算しています。

保存について
この本で紹介するおかずは、冷蔵保存を前提としています。
保存方法は、p.10〜11を参考にしてください。保存期限は、作った当日を含む日数です。
たとえば「冷蔵3日」となっている場合は、作った翌々日までに食べきってください。
ただし、季節や冷蔵庫内の状況、保存状態などによって、
保存期限は前後します。おおよそのめやすと考えてください。

作った当日　2日目　3日目

冷蔵**3**日
COOL OK!

3日目までもちます
冷たいままで食べられます

「食べるときは」について
温め方や、食べるときの工夫を紹介しています。
冷蔵庫から出してそのまま食べられる、
冷たくてもおいしいおかずは、保存期限の下に「COOL OK！」と記載しています。
電子レンジで温めるときは、特にことわりがない場合はラップをかけて加熱します。
温めるときに気をつけることは、p.60を参考にしてください。

平日20分で作る、スピード作りおき

忙しい平日は、材料少なめ、短い時間でさっと作れるものを。
すぐに作れて日もちはしっかり、
「あと1品」というときにも安心のおかずです。

平日・肉

とり肉とだいこんの煮もの

とり肉とこんぶのうま味で、だしなしでも深い味わい。

調理時間20分　1人分228kcal、塩分1.4g

冷蔵**4**日

材料（4人分）

とりもも肉…400g
Ⓐ ┌ 塩…少々
　 └ 酒…大さじ1
だいこん…400g
しょうが…1かけ（10g）
┌ こんぶ…5cm
└ 水…400ml
Ⓑ ┌ 酒…大さじ2
　 │ しょうゆ…大さじ1½
　 └ 塩…少々

作り方

1. 鍋にこんぶと分量の水を入れ、約5分おく。
2. だいこんは皮をむき、1.5cm厚さのいちょう切りにする。別の鍋で約5分ゆでる（下ゆで）。しょうがは皮ごと薄切りにする。とり肉はひと口大に切り、Ⓐをもみこむ。
3. こんぶをとり出して食べやすい大きさに切り、鍋に戻す。だいこんを加えて火にかけ、煮立ったら肉、しょうがを加えてアクをとる。Ⓑを加えてふたをずらしてのせ、だいこんがやわらかくなるまで中火で7～8分煮る。煮汁ごと保存する。

食べるときは

煮汁ごと鍋に入れるか、電子レンジで温める。

ポイント

5分の下ゆで効果

火が通りにくいだいこんですが、短時間でも下ゆでをすると、味がしみこみやすくなります。

とり肉とごぼうの黒こしょう炒め

ごぼうをしっかり炒めてから味つけするのがコツ。

冷蔵**4**日
COOL OK!

調理時間15分　1人分255kcal、塩分1.2g

材料（4人分）

とりもも肉…400g
ごぼう…1本（200g）
サラダ油…大さじ½
Ⓐ ┌ 酒…大さじ2
　 │ しょうゆ…大さじ1½
　 └ 黒こしょう…小さじ⅙

作り方

1. ごぼうは皮をこそげ、縦半分に切り、3㎝長さ、2㎜幅の斜め切りにする。水にさらして水気をきる。とり肉は2㎝大に切る。Ⓐは合わせる。
2. フライパンに油を温め、肉を中火で炒める。肉の色が変わったらごぼうを加えて、さらに炒める。ごぼうに少し焼き色がついたらⒶを加え、汁気がなくなるまで炒める。

食べるときは

そのままでも温めても。温めるなら電子レンジで加熱。

黒こしょうでおいしさキープ
肉に下味をつけなくても、黒こしょうを多めに入れることでくさみが気になりにくく、冷たいままでもおいしい。

平日・肉

とりむね肉の白ワイン蒸し
うま味たっぷりのたまねぎは、ソースとして添えて。

冷蔵 **4**日
COOL OK!

調理時間20分（さます時間は除く）　1人分255kcal、塩分0.9g

材料（4人分）

とりむね肉（皮なし）…2枚（500g）
　塩…小さじ½
たまねぎ…½個（100g）
オリーブ（黒・種なし）…8個
白ワイン…100mℓ
オリーブ油…大さじ3

作り方

1　たまねぎは薄切り、オリーブは4等分の輪切りにする。とり肉はフォークで数か所刺し、塩をもみこむ。
2　厚手の鍋にオリーブ油を温め、たまねぎを中火で炒める。しんなりしたら、たまねぎの上に肉とオリーブをのせ、白ワインをふりかける。ふたをして弱めの中火で約15分蒸し煮にする。火を止めてそのままさます。

食べるときは
食べやすく切って、たまねぎとオリーブを添える。油脂が固まった場合は、食べる少し前に常温におく。

ポイント

切らずに蒸すからしっとり
肉は切らずにそのまま鍋へ。手軽なだけでなく、パサつかず、しっとりと仕上がります。

ささみのわさび酢あえ

ささみとしめじはまとめてフライパンで蒸します。

冷蔵 **4**日
COOL OK!

調理時間15分　1人分88kcal、塩分1.2g

材料（4人分）

とりささみ…4本（200g）
長いも…150g
しめじ…1パック（100g）
Ⓐ
- 塩…小さじ⅓
- 酒…大さじ2
- 水…50㎖

Ⓑ
- 練りわさび…小さじ1½〜2
- 酢・ささみの蒸し汁…各大さじ2
- うすくちしょうゆ…大さじ1

作り方

1. 長いもは皮をむき、3〜4㎝長さ、5㎜角の拍子木切りにする。しめじは根元を落とし、小房に分ける。ささみは筋をとり、厚い部分を切り開く。
2. フライパンにささみ、しめじ、Ⓐを入れて火にかける。煮立ったらふたをして、弱火で3〜4分蒸し煮にする。火を止めてそのまま冷まし、あら熱がとれたら、ささみとしめじをとり出す。ささみはひと口大にさく。蒸し汁大さじ2はとりおく。
3. ボールにⒷを合わせ、ささみ、長いも、しめじを入れてよくあえる。

食べるときは

そのまま食べる。しそのせん切りをのせても。

わさびと酢の抗菌効果

抗菌効果を期待できるわさびと酢を調味液に使います。練りわさびの量は、お好みで調節して。

豚肉の和風カレー煮

火が通りやすい具材を選んで、少ない煮汁でさっと煮ます。

調理時間15分　1人分172kcal、塩分0.9g

冷蔵 **3**日

材料（4人分）

豚肩ロース肉（薄切り）…200g
さやいんげん…100g
ねぎ…2本
サラダ油…大さじ½
カレー粉…大さじ1
Ⓐ[水…100㎖
　 めんつゆ（3倍濃縮）…大さじ2

作り方

1. いんげんはへたを切り落とし、4～5㎝長さに切る。ねぎは1㎝幅の斜め切りにする。豚肉は5㎝長さに切る。
2. フライパンに油を温め、肉を中火で炒める。肉の色が変わったら、いんげんとねぎを加えて、油がまわるまで炒める。
3. カレー粉を加えてさっと炒める。Ⓐを加えて弱めの中火にし、時々混ぜながら、煮汁がほとんどなくなるまで3～4分煮る（ふたはしない）。

食べるときは

電子レンジで温める。ごはんにのせてもおいしい。

平日・肉

野菜たっぷり酢豚風炒め

肉は野菜のあとに入れ、短時間で炒めてやわらかく仕上げます。

調理時間20分　1人分176kcal、塩分0.9g

冷蔵**4**日

材料（4人分）

豚肩ロース肉（薄切り）…200g
　塩・こしょう…各少々
にんじん…½本（100g）
たまねぎ…½個（100g）
しいたけ…6個
サラダ油…小さじ1

Ⓐ
- 水…50ml
- 砂糖…大さじ1
- トマトケチャップ…大さじ1½
- 酢…大さじ1
- かたくり粉…小さじ½
- とりがらスープの素・しょうゆ
　…各小さじ1

作り方

1. にんじんは3mm厚さの半月かいちょう切りにする。たまねぎは2～3cm大に、しいたけは軸を除き、斜め半分に切る。豚肉は5～6cm長さに切り、塩、こしょうをふる。Ⓐは合わせる。
2. フライパンに油を温め、野菜がしんなりするまで3～4分中火で炒める。肉を加えてさらに炒め、肉の色が変わったらⒶをひと混ぜして加える。時々混ぜながら、とろみがつくまで炒め煮にする。

食べるときは

電子レンジで温める。

ポイント

とろみをつけて味キープ

具材がとろみのあるあんに包まれるので、味が落ちにくい。保存中の乾燥も防げます。

豚しゃぶとわかめの中華あえ

肉は熱いうちにたれにつけるとパサつかず、味もしみこみやすい。

調理時間15分　1人分168kcal、塩分2.2g

冷蔵**4**日
COOL OK!

材料（4人分）

豚もも肉（しゃぶしゃぶ用）…300g
わかめ（塩蔵）…50g
［湯…800㎖
　酒…大さじ1
Ⓐ［にんにく（みじん切り）…1片（10g）
　ねぎ（みじん切り）…10㎝
　砂糖…大さじ1
　しょうゆ・酢…各大さじ3
　ごま油…大さじ1

作り方

1 わかめは洗い、水に5分ほどつけてもどす。豚肉は長さを半分に切る。ボールにⒶを合わせる。
2 鍋に分量の湯を沸かし、わかめをさっとゆでる。水にとって水気をきり、3㎝長さに切る。
3 同じ湯に酒を加えて弱火にし、肉を広げて入れる。肉の色が変わったらざるにとり、熱いうちにⒶにつける。肉のあら熱がとれたら、わかめを加えて混ぜる。

食べるときは

そのまま食べる。器に葉野菜を敷いて盛りつけるとよい。

もも肉なら脂が出にくい

ばらやロースは脂身が多め。冷やすと白く固まりやすいので、脂肪の少ないもも肉を使うのがおすすめです。

揚げ豚のエスニックソース

カリッと揚がったできたても、ソースでしっとりしたのもおいしい。

冷蔵**4**日 COOL OK!

調理時間15分　1人分332kcal、塩分1.6g

材料（4人分）

豚肩ロース肉（薄切り）…300g
A ┌ 砂糖…小さじ1
　├ 酒…大さじ2
　└ しょうゆ…大さじ1
かたくり粉…大さじ5
揚げ油…適量
たまねぎ…1個（200g）
B ┌ スイートチリソース・
　│　トマトケチャップ…各大さじ3
　└ レモン汁…大さじ2

作り方

1 たまねぎは薄切りにする。豚肉は長さを半分に切り、Ⓐで下味をつけて約5分おく。
2 ボールにⒷを合わせる。
3 肉にかたくり粉をまぶす。揚げ油を180℃に熱し、肉がカリッとするまで揚げる。
4 2に3とたまねぎを加えて混ぜる。

食べるときは

そのままでも温めても。温めるなら電子レンジで加熱。

平日・肉

牛肉とたけのこのしぐれ煮

定番の作りおきおかずに、たけのこを加えてボリュームアップ。

冷蔵**6**日 COOL OK!

調理時間15分　1人分320kcal、塩分2.7g

材料（4人分）

牛切り落とし肉…400g
ゆでたけのこ…200g
しょうが（せん切り）…20g
ごま油…大さじ1

Ⓐ
- 水・酒…各100mℓ
- 砂糖・みりん…各大さじ3
- しょうゆ…大さじ4

作り方

1. たけのこは、穂先は3cm長さのくし形に、それ以外は3cm長さ、5mm厚さに切る。牛肉は大きければひと口大に切る。
2. 深めのフライパンにごま油を温め、しょうがとたけのこを中火で炒める。肉を加えてさらに炒め、肉の色が変わったらⒶを加える。煮立ったらアクをとり、煮汁がほとんどなくなるまで約10分煮る（ふたはしない）。

食べるときは

そのままでも温めても。ごはんにのせてもおいしい。

ポイント

味つけは濃いめに

保存性を高めるため、味つけはしっかりめ。調味料の汁気がなくなるまで煮ます。

平日・肉

ねぎハンバーグ

ねぎは炒めないので、切ったら混ぜて焼くだけ。

調理時間20分　1人分289kcal、塩分1.1g

冷蔵 **3**日

材料（4人分）

合いびき肉…300g
ねぎ…1本
Ⓐ
- パン粉…30g
- 牛乳…大さじ3
- 卵…1個
- 塩…小さじ2/3
- こしょう…小さじ1/6

サラダ油…大さじ2
酒…大さじ2

作り方

1. ねぎは粗みじんに切る。
2. ボールにひき肉、ねぎ、Ⓐを入れて、ねばりが出るまでよく混ぜる。8等分にし、空気を抜きながら直径5〜6cmの円形にまとめる。中央をくぼませる。
3. フライパンに油を温め、**2**を並べて中火で焼く。焼き色がついたら裏返し、弱火にして酒を加え、ふたをして7〜8分焼く。

食べるときは

電子レンジで温める。ソースは、ぽん酢しょうゆやトマトケチャップなどお好みで。

ポイント

多めの酒でふっくら

多めの酒で蒸し、しっかり火を通すとともに、ふっくらと風味よく仕上げます。

ひき肉の油揚げロール

巻いたあとは電子レンジでチン！　見ためより意外とかんたんです。

冷蔵 **3**日
COOL OK!

調理時間20分　1人分227kcal、塩分0.5g

材料（4人分）

豚ひき肉…200g
にら…½束（50g）
ねぎ…10cm
Ⓐ［かたくり粉・しょうゆ・ごま油
　　…各小さじ2
油揚げ*…3枚（75g）

＊中が開きやすいもの。手揚げ風は不可。

作り方

1 にら、ねぎはみじん切りにする。油揚げ（油抜きしない）は長い1辺を残し、3辺の端2～3mmずつ内側を切って1枚に開く。3枚作る。切りとった端はみじん切りにする。

2 ボールにひき肉、にら、ねぎ、油揚げのみじん切り、Ⓐを入れてよく混ぜる。3等分する。

3 1枚に開いた油揚げを、内側が上になるように置き、2を広げて端からくるくると巻く。3本作る。

4 3を1本ずつペーパータオルで巻き、耐熱皿にのせる。電子レンジで約7分加熱する（500W・ラップなし）。

食べるときは

切り分けて食べる。そのままでも温めても。温めるなら電子レンジで加熱。好みでしょうゆや練りがらしをつけても。

油揚げがクッションに

ポイント

うず巻き状になった油揚げがクッションになり、冷たくてもかたくなりにくい。

平日・肉

とりみそつくね

みそだれはしっかり煮からめて。小さめサイズで、お弁当にもぴったり。

冷蔵 **3**日
COOL OK!

調理時間20分　1人分207kcal、塩分1.8g

材料（4人分）

とりひき肉（もも＊）…300g
Ⓐ ┌ ねぎ（みじん切り）…½本
　├ しょうが（すりおろす）…1かけ（10g）
　├ 卵白…1個分
　└ みそ＊＊…大さじ1
かたくり粉…大さじ1
サラダ油…小さじ1
Ⓑ ┌ 砂糖・みそ＊＊・酒・しょうゆ・水
　│　…各大さじ1
　└ みりん…大さじ2

＊むねよりももの方がパサつかない。
＊＊写真は赤みそ。なければふつうのみそでも。

作り方

1. ボールにひき肉とⒶを入れ、ねばりが出るまでよく混ぜる。かたくり粉を加えてさらに混ぜ、12等分する。約1cm厚さの小判形にまとめる。Ⓑは合わせる。
2. フライパンに油を温め、つくねを並べて中火で焼く。焼き色がついたら裏返し、ふたをして弱めの中火で約5分焼く。
3. フライパンの汚れをペーパータオルでふきとり、Ⓑを加えて中火にする。煮つめながら、つくねにからめる。

食べるときは

そのままでも温めても。温めるなら電子レンジで加熱。作った当日に食べるなら、余った卵黄（冷蔵庫に入れておく）につけて食べてもよい。お弁当に入れる場合は、入れる前に温め直し、さましてから入れる。

肉の味つけにもみそを入れる

たれだけでなく、つくねの中にもみそを入れて味をつけているので、時間がたっても風味はしっかり。

平日・肉

高菜そぼろ

高菜漬けは、炒めて汁気をとばすと、うま味がぎゅっと凝縮します。

冷蔵**4**日
COOL OK!

調理時間10分　1人分127kcal、塩分1.5g

材料（4人分）

とりひき肉（もも*）…200g
　酒…大さじ2
高菜漬け…100g
ごま油…大さじ½
いりごま（白）…大さじ1

*むねよりももの方がパサつかない。

作り方

1. ボールにひき肉を入れ、酒をまぶしてよく混ぜる。高菜漬けはきざむ（きざんであるものを使ってもよい）。
2. フライパンにごま油を温め、ひき肉を入れて、中火で肉がパラパラになるまで炒める。
3. 高菜を加えて、汁気をとばしながら2〜3分炒めて火を止める。ごまを加えて混ぜる。

食べるときは

ごはんやうどんにのせて食べる。パスタと混ぜても。

さけの焼きびたし

さけと野菜をグリルでまとめ焼き。時間がたつにつれ、味がしみます。

調理時間20分　1人分136kcal、塩分0.9g

冷蔵 **3**日
COOL OK!

材料（4人分）

生さけ…4切れ（320g）
A ┌ 塩…少々
　└ 酒…大さじ2
ねぎ…1本
エリンギ…1パック（100g）
B ┌ だし…100ml
　│ 酒・しょうゆ・みりん…各大さじ2
　└ しょうが（せん切り）…20g

作り方

1. ねぎはグリルに入る長さに切る。さけは1切れを3等分に切り、Aをふって約5分おく。ボールにBを合わせる。
2. ペーパータオルでさけの汁気をふく。グリルの網にさけ、ねぎ、エリンギを並べ、強火で6〜8分、両面を色よく焼く。焼けたものからとり出し、さけはそのままBにつける。ねぎは4〜5cm長さに切る。エリンギは長さを半分にし、4つ割りにする（やけどに注意）。両方ともBに加える。

食べるときは
そのまま食べる。

さばの黒酢揚げ

黒酢の風味がほんのり。から揚げですが、さっぱりと食べられます。

冷蔵 **4**日

調理時間15分　1人分264kcal、塩分0.8g

材料（4人分）

さば…半身2枚（360g）
Ⓐ［しょうゆ・黒酢…各大さじ1］
　かたくり粉…大さじ2
揚げ油…適量

作り方

1. さばは1枚を6つに切り、Ⓐにつけて約10分おく。
2. ペーパータオルでさばの汁気をふき、かたくり粉をまぶす。揚げ油を180℃に熱し、カラッと揚げる。

食べるときは

グリルかオーブントースターで温める。

ポイント

抗菌効果＆くさみをカバー

抗菌効果のある黒酢を下味に。日もちがアップするだけでなく、くさみもとれます。

わかさぎの南蛮漬け

下処理いらずのわかさぎで時短に。甘ずっぱい南蛮酢につけます。

調理時間20分　1人分135kcal、塩分1.3g

冷蔵**5**日
COOL OK!

材料（4人分）

わかさぎ…300g
　牛乳…50mℓ
　小麦粉…大さじ2
揚げ油…適量
ねぎ…1本
にんじん…50g
Ⓐ ┌ 酒・みりん…各大さじ3
　├ しょうゆ…大さじ2
　└ 水…100mℓ
Ⓑ ┌ 赤とうがらし…1本
　└ 酢…大さじ3

作り方

1 わかさぎは洗って水気をきり、牛乳につけて約10分おく。
2 ねぎは斜め薄切り、にんじんは3～4cm長さのせん切り、とうがらしは種を除き小口切りにする。
3 鍋にⒶを入れ、ひと煮立ちしたら火を止める。あら熱がとれたらボールに入れ、Ⓑと野菜を加える。
4 ペーパータオルでわかさぎの汁気をふき、小麦粉をまぶす。揚げ油を180℃に熱して色よく揚げ、熱いうちに3に加える。

食べるときは

そのまま食べる。

ポイント　くさみをしっかりとる

丸ごと食べるわかさぎは、牛乳につけるとくさみがしっかりとれて、生ぐささが気になりません。

平日・魚介類

いかとセロリのレモンマリネ

冷凍いかならさばかなくてOK。セロリのさわやかな味がポイントに。

冷蔵 **5**日 COOL OK!

調理時間10分　1人分130kcal、塩分1.0g

材料（4人分）

冷凍ロールいか…400g
紫たまねぎ…½個（75g）
セロリ…60g
レモン…½個

Ⓐ ┌ 白ワインビネガー…大さじ2
　├ はちみつ…大さじ½
　├ 塩…小さじ⅓
　└ オリーブ油…大さじ2

作り方

1. たまねぎは薄切り、セロリは斜め薄切り、レモンは薄いいちょう切りにする。ボールにⒶを合わせる。
2. いかは半解凍し、3～4cm長さ、1cm幅に切る。熱湯で1～2分ゆでてざるにとり、水気をしっかりきって熱いうちにⒶにつける。あら熱がとれたらたまねぎ、セロリ、レモンを加えて混ぜる。

食べるときは

そのまま食べる。オリーブ油が固まった場合は、食べる少し前に常温におく。

 白ワインビネガーで風味つけ
ワインから作られる果実酢で、酸味にワインの香りが加わります。酢大さじ2＋白ワイン少々で代用しても。

えびとマッシュルームのオイル煮

低温の油でじっくり火を通します。オイルはパンにつけて食べると◎。

冷蔵 **5**日 COOL OK!

調理時間10分　1人分352kcal、塩分1.6g

材料（4人分）

むきえび…200g
　酒・かたくり粉…各大さじ1
　こしょう…少々
ブロッコリー…100g
マッシュルーム…100g
A [にんにく（薄切り）…1片（10g）
　　赤とうがらし…½本
　　塩…小さじ1
　　オリーブ油…150mℓ]

作り方

1. えびはあれば背わたをとり、酒とかたくり粉をもみこんでからさっと洗う。水気をふいて、こしょうをふる。
2. ブロッコリーは小房に分け、耐熱容器に入れてラップをかけ、電子レンジで約1分30秒（500W）加熱する。ざるにとって水気をきる。マッシュルームは石づきを除き、半分に切る。とうがらしは種を除く。
3. 鍋にAを入れ、弱火にかける。香りが出たら弱めの中火にし、マッシュルームを加えて約3分加熱する。えびを加えてさらに約2分加熱し、ブロッコリーを加えて混ぜる。

食べるときは

そのままでも温めても。温めるなら、オイルとともに小鍋に入れて弱火で加熱（オリーブ油が固まった場合も同様）。

ポイント　**温めるならコンロで**
大量の油はレンジで温めると高温になり危険。コンロで温めます。ホーロー製の保存容器なら直火にかけられます。

平日・魚介類

たこと大豆のマリネ

時間をおくと、たこに味がしみていっそう美味。

冷蔵 **5**日
COOL OK!

調理時間10分　1人分216kcal、塩分1.0g

材料（4人分）

ゆでだこ…300g
カリフラワー…100g
大豆（水煮）…120g

Ⓐ
- にんにく（すりおろす）…小1片（5g）
- 白ワイン…大さじ3
- レモン汁…大さじ2
- 砂糖…小さじ2
- 塩…小さじ½
- こしょう…少々
- オリーブ油…大さじ3

作り方

1 カリフラワーは小房に分ける。たこは1cm厚さのそぎ切りにする。ボールにⒶを合わせる。
2 鍋にたっぷりの湯を沸かし、カリフラワーを2〜3分ゆでる。続けて、大豆とたこを加えてさっとゆでる。まとめてざるにとり、水気をきって熱いうちにⒶにつける。

食べるときは

そのまま食べる。

ポイント　**具材はすべてゆでる**
加熱ずみのゆでだこや大豆も、再びさっとゆでて熱いうちにマリネ液につけると、味がしみこみやすくなります。

ほたてのエスカベーシュ

エスカベーシュは揚げた小魚のマリネ。ここでは揚げずに焼きます。

調理時間15分　1人分137kcal、塩分1.0g

冷蔵**4**日
COOL OK!

材料（4人分）

- ベビーほたて（ボイル）…300g
- 　塩・こしょう…各少々
- 　小麦粉…大さじ1
- サラダ油…大さじ1/2
- たまねぎ…1/2個（100g）
- パプリカ（黄）…1/2個（75g）
- Ⓐ
  - 酢・白ワイン…各50mℓ
  - 塩…小さじ1/2
  - こしょう…少々
  - サラダ油…大さじ1
- ディル（あれば）…1枝

作り方

1. ボールにⒶを合わせる。たまねぎ、パプリカは薄切りにしてⒶにつける。
2. ほたてはペーパータオルで水気をふき、塩・こしょう各少々をふる。ポリ袋に小麦粉とほたてを入れて軽くふり、ほたての表面に粉をまぶす。
3. フライパンに油大さじ1/2を温め、ほたての両面を中火でカリッとするまで焼く。熱いうちに**1**につける。ディルをちぎって加える。

食べるときは

そのまま食べる。

ハーブをアクセントに

魚介特有のくさみをディルのさわやかな香りがカバー。ディルは酢につけても色の変化が目立ちません。

平日・魚介類

さんま缶のトマト煮

時短にうれしい缶詰で作れる洋風おかず。

冷蔵**4**日
COOL OK!

調理時間15分　1人分346kcal、塩分1.9g

材料（4人分）

- さんま水煮缶詰…2缶（400g）
- たまねぎ…½個（100g）
- セロリ…½本（50g）
- にんにく…2片（20g）
- オリーブ（黒・種なし）…8個
- オリーブ油…大さじ1
- **A**
  - トマト水煮（カット）…400g
  - 白ワイン…50㎖
  - 固形スープの素…1個
  - 塩…小さじ¼
  - こしょう…少々

作り方

1. たまねぎとセロリは薄切り、にんにくはみじん切りにする。オリーブは半分に切る。
2. 深めのフライパンにオリーブ油とにんにくを入れて弱火で炒める。香りが出たら、たまねぎ、セロリを加えて中火で炒める。しんなりしたら、**A**を加えて全体をさっと混ぜ、約2分煮る。
3. さんま缶（汁気をきる）とオリーブを加え、約5分煮る（ふたはしない）。

食べるときは

そのままでも温めても。トマトソースごと鍋に入れるか、電子レンジで加熱。

ポイント

香味野菜たっぷり

魚の缶詰はくさみが気になりがち。たまねぎやセロリ、にんにくといった香味野菜でカバーしています。

ツナといんげんの落とし焼き

ツナに卵や小麦粉を混ぜたお焼き。いんげんの食感がアクセントに。

調理時間15分　1人分272kcal、塩分0.6g

冷蔵 **3**日
COOL OK!

材料（4人分）

ツナ缶詰（油漬け）…1缶（200g）
さやいんげん…100g
Ⓐ
- 卵…1個
- 小麦粉…50g
- かたくり粉…大さじ1
- 塩…少々
- 水…大さじ3

オリーブ油…大さじ2

作り方

1. いんげんはへたを切り落とし、2cm長さに切る。
2. ツナ缶（油をきる）はざっとほぐし、Ⓐと合わせて混ぜる。
3. フライパンにオリーブ油大さじ½を温め、いんげんを炒める。色あざやかになったら2に加えて（熱いうちに加えてOK）、さっと混ぜる。
4. 同じフライパンに残りのオリーブ油を温め、3をテーブルスプーンで1杯ずつ入れ、中火で両面を2〜3分ずつ焼く。

食べるときは

そのままでも温めても。温めるなら電子レンジで加熱。好みでしょうゆやマヨネーズをつける。

平日・野菜

青菜のシンプルナムル
にんにくを使わないので、いつでも食べられます。

冷蔵**5**日
COOL OK!

調理時間10分　1人分66kcal、塩分0.3g

材料（4人分）

青菜＊…300g
塩…小さじ¼
ごま油…大さじ1
いりごま（白）…大さじ3

＊写真は小松菜。ほうれんそうや春菊、菜の花などでも。

作り方

1 たっぷりの湯で青菜をゆでる。水にとって水気をしっかりしぼる。食べやすい長さに切り、ボールに入れる。
2 1に塩、ごま油、いりごまの順に加え、そのつどよくあえる。

食べるときは
そのまま食べる。

ポイント

油で水分が出にくい
油が青菜の表面をコーティング。余分な水分が出にくく、青々とした色もキープできます。

かぶのもずく酢あえ

市販のもずく酢も、野菜を加えれば栄養&ボリュームアップ。

調理時間10分　1人分24kcal、塩分0.8g

冷蔵**3**日
COOL OK!

材料（4人分）

かぶ…3個（300g）
　塩…小さじ½
もずく酢…小2パック（140g）

作り方

1. かぶは皮をむき、3mm厚さのいちょう切りにする。塩をふってもみ、約5分おく。
2. かぶの水気をしぼり、もずく酢と合わせる。

食べるときは

そのまま食べる。

市販のもずく酢を活用
市販のもずく酢を利用して、手軽に作りおきが作れます。かぶの代わりに色や食感が変わりにくいだいこんでも。

豆もやしのカレーマリネ

もやしは豆つきだと栄養豊富。カレーの風味が食欲をそそります。

冷蔵**4**日
COOL OK!

調理時間15分　1人分87kcal、塩分0.8g

材料（4人分）

豆もやし…400g
塩…ひとつまみ
A ［カレー粉…大さじ½
　とりがらスープの素…小さじ1
　塩…小さじ⅓
　酢…大さじ2
　サラダ油…大さじ1½］

作り方

1 豆もやしは水でさっと洗い、水気をきる。
2 深めのフライパンにもやし、塩ひとつまみ、水50ml（材料外）を入れてふたをし、強めの中火にかける。煮立ったら弱めの中火にし、約5分蒸し煮にする。ボールにAを合わせる。
3 もやしの豆がやわらかくなったら、ざるにとって水気をしっかりきる。熱いうちにAに入れてあえる。

食べるときは

そのまま食べる。

ごぼうの豆乳みそ煮

豆乳にとろみがついてごぼうにからみ、時間をおいてもおいしい。

調理時間15分　1人分80kcal、塩分0.9g

冷蔵**4**日
COOL OK!

材料（4人分）

ごぼう…1本（200g）
- Ⓐ
  - 調製豆乳…200ml
  - 砂糖…大さじ1
- Ⓑ
  - みそ…大さじ1
  - しょうゆ…大さじ½

作り方

1. ごぼうは皮をこそげ、5cm長さに切る。太い部分は2～4つ割りにする。水にさらして水気をきる。Ⓑは合わせる。
2. 鍋にごぼうとⒶを入れて火にかける。煮立ったら弱めの中火にし、時々混ぜながら7～8分煮る（ふたはしない）。Ⓑを加え、汁気がなくなるまで煮からめる。

食べるときは

そのまま食べる。好みで七味とうがらしをふっても。

平日・野菜

コールスロー

味が落ちがちなコールスロー。おいしさが持続するように工夫しました。

冷蔵**3**日
COOL OK!

調理時間20分　1人分113kcal、塩分0.6g

材料（4人分）

キャベツ…300g
にんじん…70g
Ⓐ ┌ 砂糖…大さじ1
　 │ 酢…大さじ3
　 └ 塩…小さじ½
Ⓑ ┌ マヨネーズ…大さじ4（48g）
　 └ 練りがらし…小さじ1

作り方

1 キャベツはせん切り、にんじんは斜め薄切りにしてからせん切りにする。
2 大きめのボールにⒶを合わせ、1を入れてよく混ぜる。約10分おく。
3 2の汁気をしっかりしぼり、Ⓑを加えてよく混ぜる。

食べるときは

そのまま食べる。パンにはさんでもおいしい。

下味でおいしさキープ
下味は塩だけでなく、酢や砂糖も加えた調味液でつけます。汁気をしぼっても、味は残ります。

まいたけとわかめの炒めナムル

多めの油で炒めるとしっとり。しょうががほどよくきいています。

冷蔵 **4**日
COOL OK!

調理時間10分　1人分58kcal、塩分0.5g

材料（4人分）

わかめ（塩蔵）…50g
まいたけ…1パック（100g）
しょうが…20g
サラダ油…大さじ1½
Ⓐ［酒・みりん・しょうゆ…各大さじ½］

作り方

1. わかめは洗い、水に5分ほどつけてもどす。水気をきり、3cm長さに切る。まいたけはほぐし、しょうがは皮ごとせん切りにする。Ⓐは合わせる。
2. フライパンに油を中火で温め、しょうが、まいたけを入れて中火で1分ほど炒める。
3. わかめを加えて強めの中火にし、さっと炒める。Ⓐを回し入れ、汁気がなくなるまで炒める。

食べるときは
そのまま食べる。

平日・野菜

にんじんとねぎのザーサイあえ

ザーサイの塩気をいかして作ります。

冷蔵 **4**日
COOL OK!

調理時間10分　1人分79kcal、塩分0.9g

材料（4人分）

にんじん…1本（200g）
ねぎ（白い部分）…1本分
味つきザーサイ…50g

A
- 砂糖…大さじ1
- 酢…大さじ2
- ごま油…大さじ1
- ラー油…小さじ1

作り方

1 にんじんは斜め薄切りにしてからせん切りに、ねぎは5cm長さのせん切りに、ザーサイは細切りにする。
2 ボールにAを合わせ、1を加えてよくあえる。

食べるときは

そのまま食べる。

キャベツとセロリのめんつゆあえ

作りたてはシャキシャキのサラダ風。時間がたつと浅漬けのような味わいに。

冷蔵**4**日
COOL OK!

調理時間10分　1人分25kcal、塩分1.1g

材料（4人分）

キャベツ…200g
セロリ…½本（50g）
にんじん…50g
　塩…小さじ⅓
A［めんつゆ（3倍濃縮）…大さじ2
　　酢…大さじ1
　　しょうが（せん切り）…1かけ（10g）

作り方

1 キャベツは3〜4cm角に切る。セロリは筋をとり4cm長さの薄切り、にんじんは4cm長さのたんざく切りにする。キャベツ、セロリ、にんじんを合わせて塩をもみこみ、約5分おく。ボールにAを合わせる。

2 1の水気をしぼってAに加え、よくあえる。

食べるときは

そのまま食べる。

平日・野菜

なすのごま煮
すりごまを入れることで、煮汁がからみやすくなります。

調理時間15分　1人分118kcal、塩分0.5g

冷蔵**3**日
COOL OK!

材料（4人分）

なす…5個（350g）
サラダ油…大さじ2
Ⓐ ┌ 水…200ml
　│ みりん…大さじ1
　│ しょうゆ…大さじ½
　└ とりがらスープの素…小さじ½
練りごま・すりごま（白）…各大さじ1

作り方

1. なすはへたを落とし、皮をしま目にむいて、1.5cm厚さの輪切りにする。水に約5分さらして水気をきる。
2. 深めのフライパンに油を温め、なすを強めの中火で約2分炒める。Ⓐを加え、落としぶたをして煮る（フライパンのふたはしない）。
3. 煮汁が約⅓量になったら、練りごま、すりごまを加えて汁気がほとんどなくなるまで煮つめ、全体にからめる。

食べるときは
そのまま食べる。

だいこんのからしマヨ炒め

かにかまで手軽に彩りをプラス。からしマヨネーズのコクに、箸が進みます。

冷蔵 **3**日
COOL OK!

調理時間10分　1人分99kcal、塩分0.7g

材料（4人分）

だいこん…300g
かに風味かまぼこ…100g
オリーブ油…大さじ½
Ⓐ ┌ マヨネーズ…大さじ2
　 └ みりん…大さじ½
練りがらし…小さじ1
粗びき黒こしょう…少々

作り方

1. だいこんは5㎜厚さのいちょう切り、かにかまぼこは長さを半分に切る。Ⓐは合わせる。
2. フライパンにオリーブ油を温め、だいこんを中火で4～5分炒める。かにかまぼことⒶを加えてさらに1～2分炒め、火を止める。からしを加えて全体を混ぜ、黒こしょうをふる。

食べるときは

そのまま食べる。

ポイント　からしは火を止めてから

からしは火を止めてから加えると風味がとびにくいだけでなく、加熱によって抗菌効果が弱まるのも防げます。

たけのこのかか煮

フライパンを使い、たけのこを広げて少ない煮汁で煮ます。

調理時間20分　1人分64kcal、塩分1.3g

冷蔵 **5**日
COOL OK!

材料（4人分）

ゆでたけのこ…400g

Ⓐ
- 水…300mℓ
- 砂糖…大さじ½
- しょうゆ・みりん…各大さじ2
- けずりかつお…10g

作り方

1. たけのこは穂先を3cm長さに切り、残りは1cm厚さのいちょう切りにする。
2. 深めのフライパンにたけのことⒶを入れて火にかける。煮立ったらふたをして弱めの中火にし、煮汁がフライパンの底に少し残るくらいになるまで約15分煮る。煮汁ごと保存する。

食べるときは

そのままでも温めても。温めるなら、残った煮汁をからめて、電子レンジで加熱。

トマトのらっきょうドレッシング

市販のらっきょう漬けをあえるだけ。すぐに作れます。

冷蔵**3**日
COOL OK!

調理時間10分　1人分73kcal、塩分0.6g

材料（4人分）

トマト…2個（400g）
塩…ひとつまみ
A ┌ 甘酢らっきょう…8個（80g）
　│ らっきょうの漬け汁…大さじ1
　└ サラダ油…大さじ1

作り方

1 トマトは8等分のくし形に切り、さらに斜め半分に切る。トレーに入れ、塩をふってさっと混ぜる。
2 らっきょうは薄い輪切りにし、Aを合わせる。
3 トマトの水気をきり、2とあえる。

食べるときは

そのまま食べる。

ポイント　塩をふるひと手間

塩をふることで水分が出て、下味がつくだけでなく甘味も引き立ちます。

平日・野菜

塩炒めなます

炒めているのでコクがあり、酸味もまろやか。

調理時間15分　1人分87kcal、塩分0.3g

冷蔵**5**日
COOL OK!

材料（4人分）

だいこん…300g
にんじん…80g
しいたけ…6個
油揚げ…1枚(25g)
ごま油…大さじ1
Ⓐ［酢…大さじ2
　　酒…大さじ1
　　こぶ茶…小さじ1］
いりごま(白)…大さじ1

作り方

1 だいこん、にんじんは4cm長さ、2mm厚さのたんざく切りにする。しいたけは軸を除いて薄切りにする。油揚げは熱湯をかけて油抜きをし、縦半分に切ってから細切りにする。
2 Ⓐは合わせる。
3 フライパンにごま油を中火で温め、1を炒める。油がまわったらⒶを加え、汁気がなくなるまで炒める。火を止めて、ごまを加えて混ぜる。

食べるときは

そのまま食べる。

炒めすぎに注意
長く炒めると酢がとび、具材もやわらかくなりすぎてしまいます。汁気がなくなったら、すぐに火を止めます。

ズッキーニの梅おかか

抗菌効果のある梅干しと合わせて日もちアップ。あと1品に便利。

調理時間10分　1人分21kcal、塩分1.3g

冷蔵**4**日
COOL OK!

材料（4人分）

ズッキーニ…2本（300g）
　塩…少々
Ⓐ [梅干し…1個（20g）
　　けずりかつお…小1パック（3g）
　　しょうゆ・みりん…各大さじ½]

作り方

1. ズッキーニは7〜8mm厚さの輪切りにする。耐熱皿に並べて塩をふり、ラップをかけ、電子レンジで約4分（500W）加熱する。ざるにとってさます。
2. 梅干しは種を除き、果肉を包丁でたたく。ボールにⒶを合わせ、ズッキーニの水気をしぼって加える。よくあえる。

食べるときは

そのまま食べる。

平日・野菜

しいたけのみそマヨチーズ焼き

まとめて焼いておけば、おつまみにもさっと出せます。

冷蔵 **3**日
COOL OK!

調理時間10分　1人分80kcal、塩分0.4g

材料（4人分）

しいたけ（直径6cmくらいのもの）…12個
A［マヨネーズ…大さじ2
　　みそ…小さじ1］
ピザ用チーズ…30g

作り方

1 しいたけは軸を除く。**A**は合わせる。
2 かさの内側に**A**を塗り、チーズをのせる。チーズの面を上にしてグリルに並べ、強火で約3〜6分、チーズが溶けて焼き色がつくまで焼く。

食べるときは

そのままでも温めても。温めるなら、グリルかオーブントースターで加熱。

ししとうとじゃこのごまぽん炒め

ししとうを半分に切って、じゃことごまをからみやすくします。

冷蔵**3**日 COOL OK!

調理時間10分　1人分63kcal、塩分0.7g

材料（4人分）

ししとうがらし…1パック（100g）
ちりめんじゃこ…30g
サラダ油…大さじ½
ぽん酢しょうゆ…大さじ1
すりごま（白）…大さじ2

作り方

1. ししとうは、へたの先を切り落とし、斜め半分に切る。
2. フライパンに油を温め、ししとうを中火で炒める。油がまわったら、じゃこを加えてさっと炒め、ぽん酢とすりごまを加えて汁気をとばす。

食べるときは

そのまま食べる。

ポイント　すりごまで味をからめる

すりごまを加えることで、ぽん酢の味がししとうにからみます。また、水気が出ず、いたみにくくなります。

平日・野菜

かぼちゃの甘みそあえ
甘じょっぱいみそ味がかぼちゃによく合います。

調理時間10分　1人分89kcal、塩分0.8g

冷蔵 **3**日
COOL OK!

材料（4人分）

かぼちゃ…300g
Ⓐ[みそ・みりん…各大さじ1½]

作り方

1 かぼちゃは5mm厚さのひと口大に切る。耐熱皿に並べてラップをかけ、電子レンジで5〜7分（500W）加熱する。
2 ボールにⒶを合わせる。かぼちゃを熱いうちに加えてあえる。

食べるときは
そのまま食べる。

ジャーマンポテト

火の通りにくいじゃがいもは、レンジで加熱してから炒めます。

冷蔵**3**日

調理時間20分　1人分231kcal、塩分0.9g

材料（4人分）

じゃがいも…500g
ウィンナーソーセージ…8本(120g)
たまねぎ…½個(100g)
にんにく（みじん切り）…1片(10g)
バター…10g×2
しょうゆ…小さじ½
塩・こしょう…各少々

作り方

1. じゃがいもは皮をむき、1cm厚さ、2～3cm大のいちょう切りにする。水にさらし、水気をきる。耐熱皿に並べてラップをかけ、電子レンジで5～6分(500W)加熱する。たまねぎは薄切り、ウィンナーは2cm長さに切る。
2. フライパンにバター10gを溶かし、じゃがいもを中火で炒める。焼き色がついたらとり出す。
3. 同じフライパンに残りのバターとにんにくを弱火で温め、香りが出たらたまねぎとウィンナーを加えて中火で炒める。たまねぎがしんなりしたら、じゃがいもを戻し入れて混ぜる。しょうゆを回し入れ、塩、こしょうで味をととのえる。

食べるときは

電子レンジで温める。

ポイント じゃがいもの水分をとばす

じゃがいもは炒めて水分をとばし、水っぽくなるのを防ぎます。表面に焼き色をつけると、香ばしくて◎。

平日・野菜

平日・野菜

切り干しだいこんのナポリタン

ケチャップやソースでしっかり濃いめの味つけ。

冷蔵**4**日
COOL OK!

調理時間15分　1人分205kcal、塩分1.9g

材料（4人分）

切り干しだいこん…40g
たまねぎ…½個（100g）
ピーマン…2個
マッシュルーム（水煮・スライス）…40g
ハム…8枚
オリーブ油…大さじ2

Ⓐ
┌ トマトケチャップ…大さじ4
│ 中濃ソース…大さじ½
│ 白ワイン・切り干しだいこんのもどし
│ 　汁…各大さじ2
│ とりがらスープの素…小さじ⅓
└ こしょう…少々

作り方

1 切り干しだいこんは水でさっと洗い、ひたひたの水に約5分つけてもどす。もどし汁大さじ2はとりおく。
2 たまねぎは薄切りにする。ピーマンは縦半分に切って種とわたを除き、横に7～8mm幅に切る。ハムは2cm角に切る。
3 切り干しだいこんの水気をしぼる。長ければ食べやすく切る。Ⓐは合わせる。
4 フライパンにオリーブ油を温め、たまねぎを入れてしんなりするまで中火で炒める。切り干しだいこんを加えてさらに約1分炒め、ピーマン、マッシュルーム、ハム、Ⓐを加えて、汁気がなくなるまで炒める。

食べるときは

そのままでも温めても。温めるなら電子レンジで加熱。

もどすのは短時間でもOK

切り干しだいこんのもどし時間は5分と短めですが、調味液で炒め煮にするので、ちょうどよい食感になります。

カラフル野菜の
スパニッシュオムレツ

野菜がたっぷりで、食べごたえのあるおかず。

調理時間15分
1人分195kcal、塩分1.0g

冷蔵**3**日
COOL OK!

材料（4人分）

たまねぎ…½個（100g）
Ⓐ ［パプリカ（赤）…½個（75g）
　　ピーマン…3個］
ベーコン…3枚（60g）
卵…5個
Ⓑ ［塩…小さじ⅓
　　こしょう…少々］
オリーブ油…小さじ2

作り方

1 たまねぎとⒶは1cm角に、ベーコンは1cm幅に切る。
2 大きめのボールに卵をときほぐす。
3 直径20cmくらいのフライパンにオリーブ油小さじ1を温め、ベーコンとたまねぎを中火で炒める。たまねぎがしんなりしたらⒶを加えてさらに1～2分炒める。Ⓑをふって火を止め、卵液に加えて（熱いうちに加えてOK）混ぜる。
4 同じフライパンにオリーブ油小さじ½を温め、3を流し入れる。大きく混ぜ、ふたをして弱めの中火で約5分焼く。半熟になったら皿にとり出す。オリーブ油小さじ½をひき、卵を裏返して戻し入れ、再びふたをして約3分焼く。

食べるときは

そのままでも温めても。温めるなら電子レンジで加熱。

野菜は先に炒める

ポイント

野菜は卵液と合わせる前にしっかり炒めておくと、時間がたっても野菜から水分が出にくくなります。

55

クミンビーンズ

スパイシーな洋風煮豆。くせになる味です。

冷蔵 **4**日
COOL OK!

調理時間15分　1人分109kcal、塩分0.7g

材料（4人分）

ミックスビーンズ…200g
たまねぎ…1/2個（100g）
セロリ…1/2本（50g）
オリーブ油…小さじ2
クミンシード…小さじ1
Ⓐ［水…100mℓ
　　スープの素…小さじ1］
しょうゆ…小さじ1/2
粗びき黒こしょう…少々

作り方

1 たまねぎ、セロリは1cm角に切る。
2 フライパンにオリーブ油とクミンを入れて弱火で2〜3分炒める。香りが出たら、ミックスビーンズと1を入れて中火で炒める。たまねぎがしんなりしたらⒶを加えてふたをし、5分ほど煮る。
3 ふたをとり、汁気がほとんどなくなるまで炒め煮にする。火を止める直前にしょうゆを回し入れ、黒こしょうをふる。

食べるときは

そのままでも温めても。温めるなら電子レンジで加熱。

しらたきのピリ辛ぽん酢いり

しらたきはしっかり炒めると、余分な水分が抜けて味がつきやすくなります。

冷蔵**4**日
COOL OK!

調理時間10分(もどす時間は除く)　1人分26kcal、塩分0.8g

材料（4人分）

しらたき…400g
きくらげ…10g
にんにく（みじん切り）…小1片（5g）
ごま油…小さじ1
豆板醤(トウバンジャン)…小さじ½
ぽん酢しょうゆ…大さじ2

作り方

1. きくらげは水でもどし、細切りにする。しらたきは食べやすい長さに切り、熱湯でさっとゆでる。両方とも水気をよくきる。
2. フライパンにごま油とにんにくを入れ、弱火で温める。香りが出たら豆板醤、しらたき、きくらげを加えて中火で2～3分炒める。ぽん酢を加えて、汁気がなくなるまで炒める。

食べるときは

そのまま食べる。

平日・その他

のりのつくだ煮

余らせがちなのりで作りおき。しけったのりでも作れます。

調理時間10分　全量97kcal、塩分2.9g

冷蔵**1**週間
COOL OK!

材料（作りやすい分量）

焼きのり…7枚
けずりかつお…小1パック（3g）
Ⓐ ┌ 水…100mℓ
　└ 酒・みりん・しょうゆ…各大さじ1

作り方

1 小鍋にⒶを入れて火にかけ、煮立ったらけずりかつおを加える。
2 弱めの中火にし、のりをちぎりながら加える。混ぜながら、汁気がなくなるまで3〜4分煮つめる。

食べるときは

ごはんにのせたり、パスタとあえたりしても。

保存容器の選び方

作りおきのおかずを保存するときは、密閉できる保存容器を選びます。
材質による特徴はさまざま。電子レンジやオーブンでは使えない容器もあるので、
表示をよく確認し、保存するおかずに合わせて上手に使い分けましょう。

ホーロー

ホーローは、鉄などの金属に、ガラス質のうわぐすりを焼きつけたもの。酸や塩分に強い性質です。

 GOOD!
- 色やにおいがつきにくい
- 油汚れが落ちやすい
- 熱伝導がよく、直火OK

 BAD...
- 傷に弱い
- 電子レンジNG
- 中身が見えない

ガラス

厚みがあり、丈夫。電子レンジやオーブンに使える耐熱タイプと、そうでないものがあるので注意。

 GOOD!
- 中身が見える
- 色やにおいがつきにくい
- 油汚れが落ちやすい

 BAD...
- 重い
- 比較的高価のものが多い

プラスチック

電子レンジで使えるものが多く、サイズや形のバリエーションも豊富です。

 GOOD!
- 軽い
- 比較的安価のものが多い
- 電子レンジOKのものが多い

 BAD...
- においがつきやすい
- 劣化しやすい

ステンレス

保存容器に使われるステンレスは、さびにくく丈夫です。傷もつきにくく、長く使えます。

 GOOD!
- 色やにおいがつきにくい
- 丈夫で耐久性が高い

 BAD...
- 中身が見えない
- 電子レンジNG

温めるときに気をつけること

おかずを温めるときは、電子レンジが便利です。
ただし、おいしく温めるにはいくつかコツがあります。
下記のポイントに注意して、上手に温めましょう。

食べる分だけ温める

作りおきのおかずを電子レンジで温めるときは、食べる分だけを保存容器からとり出しましょう。保存容器には電子レンジでそのまま加熱できるものもありますが、容器ごと温めてしまうと、食べきれなかった分を再び保存することに。蒸気が水滴となり、いたみの原因になってしまいます。

ラップはふんわり

電子レンジで加熱するときは、特に指定がない限り、ラップをかけます。
このとき、ラップをピンと張るのではなく、余裕をもたせてふんわりかけます。こうすることで、蒸気の圧力でラップが破れたり、ラップが料理にペタッとくっついてしまうのを防げます。

加熱ムラを防ぐ

温める量が多い場合や、食材に厚みがある場合は、途中で混ぜたり、上下を返したりして、一部だけが温まってしまう加熱ムラを防ぎましょう。また、とろみのある料理や、汁気が多い料理では、加熱直後に動かすと液体がとび散る「突沸（とっぷつ）」の危険が。途中で1、2回混ぜたり、加熱後1～2分おいてからとり出すと安全です。

加熱しすぎに注意

加熱しすぎると、食材の水分が抜けて味が落ちてしまいます。加熱時間は短めにセットして、ようすを見ながら少しずつ時間をたして加熱します。特に、油脂や糖分は高温になりやすいので、温めすぎに注意しましょう。

作るを楽しむ、休日のてまひま作りおき

休日には、煮こみや揚げものなど、ちょっと腕まくりして作るものを。
少し時間はかかりますが、
作りおくと、平日がとてもラクです。

休日・肉

筑前煮

とり肉と野菜のうま味がたっぷり。野菜がしっかりとれるのもうれしい。

冷蔵**4**日
COOL OK!

調理時間40分　1人分244kcal、塩分1.5g

材料（4人分）

とりもも肉…250g
　酒…大さじ½
Ⓐ　ごぼう…150g
　　れんこん…150g
　　にんじん…½本（100g）
　　しいたけ…4個
　　こんにゃく…1枚（200g）
スナップえんどう…12本（60g）
ごま油…大さじ1
Ⓑ　だし…200㎖
　　砂糖・みりん…各大さじ1
　　しょうゆ・酒…各大さじ2

作り方

1 こんにゃくは、スプーンでひと口大にちぎる。スナップえんどうは筋をとって熱湯でさっとゆで、斜め半分に切る。同じ湯でこんにゃくをゆでて、アクを抜く。

2 ごぼうとにんじんは4〜5㎝長さの乱切りに、れんこんは7〜8㎜厚さの半月切りかいちょう切りにする。ごぼうとれんこんは、それぞれ水にさらし、水気をきる。しいたけは軸を除き、2つにそぎ切りにする。とり肉は3〜4㎝角に切り、酒大さじ½をもみこむ。

3 フライパンにごま油を温め、肉を中火で炒める。肉に少し焼き色がついたらⒶを加え、強めの中火で3〜4分炒める。

4 Ⓑを加えて、煮立ったらアクをとる。落としぶたをし、鍋のふたをずらしてのせ、途中1、2回混ぜながら中火で約20分煮る。ふたと落としぶたをとり、煮汁がほとんどなくなるまで煮る。スナップえんどうと分けて保存する。

食べるときは

そのままでも温めても。温めるならスナップえんどうと一緒に電子レンジで加熱する。

ポイント

水気が出にくい野菜で

筑前煮の野菜はレシピによりさまざまですが、作りおきには水気が出にくく、煮くずれしにくい具材を選びます。

韓国風甘辛チキン

甘辛いコチュジャン味に、ごはんが進みます。

調理時間25分　1人分481kcal、塩分1.5g

冷蔵**4**日
COOL OK!

材料（4人分）

とりもも肉…600g
Ⓐ ┌ 酒…大さじ½
　├ 塩…少々
　└ にんにく（すりおろす）…1片（10g）
かたくり粉…大さじ3
たまねぎ…1個（200g）
サラダ油…大さじ2
Ⓑ ┌ 砂糖…大さじ3
　├ コチュジャン…大さじ4
　├ 酒…大さじ4
　└ しょうゆ…小さじ2

作り方

1 とり肉はフォークで数か所を刺し、ひと口大に切る。Ⓐをもみこみ、5〜10分おく。Ⓑは合わせる。
2 たまねぎは8等分のくし形に切る。
3 肉にかたくり粉をまぶす。
4 フライパンに油を中火で温め、肉を入れて両面を4〜5分ずつ色よく焼く。とり出す。
5 4のフライパンにたまねぎを入れて、しんなりするまで炒める。Ⓑを加え、煮立ったら、肉を戻し入れてからめる。とろみがついたら火を止める。

食べるときは

そのままでも温めても。温めるなら電子レンジで加熱。

休日・肉

とりレバーのソース煮
下ごしらえが必要なレバーは、時間に余裕があるときに。

冷蔵**4**日
COOL OK!

調理時間25分　1人分158kcal．塩分1.3g

材料（4人分）

とりレバー…500g
黒こしょう…小さじ⅛
Ⓐ ┌ しょうが…1かけ（10g）
　│ ウスターソース…50㎖
　└ 砂糖…大さじ1

作り方

1. しょうがはせん切りにする。レバーは2、3回水をかえて全体を洗い（a）、脂肪や筋を除く（b）。ひと口大に切り、再びよく洗う。
2. 鍋に湯を沸かし、レバーと黒こしょうを入れて、7～8分ゆでて、ざるにとる。
3. フライパンにⒶとレバーを入れて火にかけ、汁気がほとんどなくなるまで中火で炒め煮にする。

食べるときは
そのまま食べる。

ポイント

黒こしょうでゆでる
レバーは、下ゆでの湯に黒こしょうを入れることで、くさみを消します。

休日・肉

みそ味煮豚と煮卵

みそならではの風味とコク。濃いめの味つけでいたみにくい。

調理時間50分（おく時間は除く）　1人分485kcal、塩分2.7g

冷蔵**4**日
COOL OK!

材料（4人分）

豚肩ロース肉（かたまり）…600g
Ⓐ
- ねぎ（緑の部分）…10cm
- しょうが（薄切り）…1かけ（10g）
- にんにく（薄切り）…1片（10g）

Ⓑ
- 砂糖…大さじ1
- 赤みそ（なければ、ふつうのみそ）…大さじ2
- 酒…大さじ3
- しょうゆ…大さじ2½

水…300ml
ゆで卵…4個

作り方

1　豚肉は両面にフォークで数か所を刺す。Ⓑは合わせる。鍋にⒶと肉を入れ、Ⓑを加えて肉にまぶす。時々肉を返しながら30分以上常温におく（暑い時期は冷蔵庫へ）。ゆで卵は殻をむく。

2　1の鍋に分量の水を加えてⒷを溶きのばし、火にかける。煮立ったらアクをとり、落としぶたをして、ふたをずらしてのせる。時々肉を返しながら弱火で約20分煮る。ゆで卵を加えて、時々ころがしながらさらに15〜20分煮る。煮汁が約⅓量になったら火を止め、そのままさます。Ⓐを除き、肉に煮汁少々をかけて、かたまりのまま保存する。

食べるときは

切り分けて食べる。そのままでも温めても。温めるなら、切り分けてから電子レンジで加熱。白髪ねぎを添えて盛りつけたり、ごはんやラーメンにのせたりしても。

ポイント

みそだれをそのまま煮汁に

肉は濃いめのみそだれにつけおき、肉になじませてから、水を加えてそのまま煮汁にします。

休日・肉

白みそ味の和風ポトフ

ひと皿で肉も野菜もとれて、おなかも栄養も満たされます。

調理時間60分　1人分491kcal、塩分2.3g

冷蔵**3**日

材料（4人分）

豚肩ロース肉（かたまり）…600g
だいこん…400g
はくさい…400g
ねぎ（白い部分）…1本分
Ⓐ ┌ ねぎ（緑の部分）…10cm
　 │ こんぶ…5cm
　 │ 水…800mℓ
　 │ 酒…50mℓ
　 └ とりがらスープの素…小さじ2
Ⓑ ┌ 白みそ…大さじ5
　 └ みりん…大さじ2
白みそ…大さじ1

作り方

1 だいこんは皮をむき、5〜6cm長さの乱切りにする。鍋にだいこんとかぶるくらいの米のとぎ汁（材料外・または水）を入れて火にかけ、煮立ったら中火で約10分煮てざるにとる。さっと洗う。

2 はくさいは大きめのざく切り、ねぎ（白い部分）は5〜6cm長さに切る。豚肉は1cm厚さ、4cm大に切る。肉、だいこん、Ⓐを鍋に入れる。煮立ったらこんぶをとり出し、ふたをずらしてのせ、弱火で約30分煮る。こんぶは食べやすい大きさに切る。Ⓑは合わせる。

3 はくさい、ねぎ、Ⓑを鍋に加え、さらに10〜15分煮る。仕上げにこんぶと白みそ大さじ1を加え、2〜3分煮る。煮汁ごと保存する。

食べるときは

温めて食べる。電子レンジで加熱するか、煮汁とともに小鍋に入れて温める。ゆずのせん切りをのせても。

スペアリブのフライパン焼き

冷蔵**4**日

蒸し焼きにするので肉がやわらかい。作りおけば、すぐにごちそう！

調理時間40分（つけおく時間は除く）　1人分664kcal、塩分1.6g

材料（4人分）

豚スペアリブ（5〜6cm長さ）
　…12〜16本（800g）
A　┌ 焼肉のたれ（市販）…100mℓ
　　└ はちみつ…大さじ2
酒…大さじ3
サラダ油…大さじ1

作り方

1. ポリ袋にスペアリブとⒶを入れてよくもみこみ、室温で1時間ほどつけおく（暑い時期は冷蔵庫へ）。
2. 1を袋から出し、ざるにとる。フライパンに油をひいて、肉を並べ入れる。強めの中火にかけ、全面を4〜5分かけて焼く。
3. 焼き色がついたら弱火にし、酒をふり入れてふたをし、20〜25分蒸し焼きにする（途中で2、3回裏返す）。
4. ふたをとり、中火にして汁気をとばし（脂が多ければペーパータオルでふく）、カリッと焼きあげる。

食べるときは
温めて食べる。ラップをせずに電子レンジで加熱。

ポイント　全面をしっかり焼く

最初に全面を焼き、うま味を閉じこめます。さらに蒸し焼きにすることで、骨のまわりまでじっくり火を通します。

五目きんぴら

「五目」ですから、いろいろ入れて。週末の食材整理メニュー。

冷蔵**4**日
COOL OK!

調理時間20分　1人分156kcal、塩分1.4g

材料（4人分）

豚もも肉（薄切り）…150g
ごぼう…150g
パプリカ（赤）…½個（75g）
ピーマン…2個
しらたき…100g
ごま油…大さじ½
A ┃酒・みりん・しょうゆ…各大さじ2
　┃はちみつ…大さじ1

作り方

1 ごぼうは皮をこそげて縦半分に切り、3〜4cm長さの斜め薄切りにする。水にさらし水気をきる。パプリカは長さを半分にして細切り、ピーマンは種とわたをとり細切りにする。しらたきは5cm長さに切り、熱湯でさっとゆでる。

2 豚肉は細切りにする。Ⓐは合わせる。

3 フライパンにごま油を温め、ごぼうを中火で炒める。油がまわったら肉を加えて炒める。肉の色が変わったら、パプリカ、しらたき、Ⓐを加えて4〜5分炒め煮にする。汁気がほとんどなくなったら、ピーマンを加えて1〜2分炒める。

食べるときは

そのままでも温めても。温めるなら電子レンジで加熱。七味とうがらしをふってもよい。

冷蔵庫の残り野菜で

ポイント

冷蔵庫にちょっとずつ残った野菜も使えます。水気の出にくい根菜などがおすすめです。

牛肉と野菜の赤ワイン煮

赤ワインにつけおくことで、肉はやわらか、味わい深く。

調理時間60分（つけおく時間は除く）　1人分264kcal、塩分1.4g

冷蔵**4**日

材料（4人分）

牛もも肉（薄切り）…300g
Ⓐ ┌ たまねぎ…¼個（50g）
　 └ 赤ワイン…50㎖
塩・こしょう…各少々
小麦粉…大さじ1
Ⓑ ┌ たまねぎ…¾個（150g）
　 │ セロリ…1本（100g）
　 │ にんじん…1本（200g）
　 └ にんにく…1片（10g）
バター…10g×2
赤ワイン…150㎖
Ⓒ ┌ 水…200㎖
　 │ トマト水煮（ホール）…400g
　 │ 固形スープの素…1個
　 └ 塩…小さじ½

作り方

1 Ⓐのたまねぎは粗みじんに切り、ポリ袋に牛肉とⒶを入れてよくもみこむ。室温で1時間ほどつけおく（暑い時期は冷蔵庫へ。前日から冷蔵庫でつけおいてもよい）。肉をとり出し、ペーパータオルではさんで汁気をとる（たまねぎは肉についたままでOK）。塩・こしょう各少々をふり、小麦粉をまぶす。

2 Ⓑのたまねぎは3㎝角、セロリ（筋はとる）は2㎝角に切る。にんじんは1㎝厚さの半月切り、にんにくは薄切りにする。トマト水煮はざっとつぶしておく。

3 厚手の鍋にバター10gを溶かし、肉の両面を強火でさっと焼いてとり出す。残りのバターを入れ、Ⓑを加えて中火で4～5分炒める。肉を戻し入れ、赤ワイン150㎖を加える。煮立ったらアクをとり、煮汁が半量になるまで6～7分煮つめる。

4 Ⓒを加え、ふたをずらしてのせる。時々混ぜながら、弱火で約30分煮る。煮汁ごと保存する。

食べるときは

温めて食べる。電子レンジで加熱するか、煮汁とともに小鍋に入れて温める。

ポイント　味がなじんだころがおいしい

火を止めて、さめていくあいだにさらに味がなじみます。煮返せば、より濃厚な味わいに。

休日・肉

ロールキャベツ

栄養も食べごたえもある、うれしい一品。

調理時間45分　1人分343kcal、塩分2.4g

冷蔵**3**日

材料（4人分）

キャベツの葉（大）…8枚
たまねぎ…1個（200g）

Ⓐ
- 合いびき肉…400g
- パン粉…カップ½（20g）
- 卵…2個
- 粒マスタード…大さじ½
- 塩…小さじ1
- こしょう…少々

Ⓑ
- 水…600mℓ
- 白ワイン…100mℓ
- 固形スープの素…2個
- ローリエ…1枚
- こしょう…少々

作り方

1 キャベツは芯のまわりに切りこみを入れて、1枚ずつていねいに葉をはがす（破れてしまったときのために1、2枚余分に用意するとよい）。

2 大きめの鍋に湯を沸かし、葉を軸の方から入れて1〜2分ゆでる。ざるにとる。

3 2の軸の厚い部分は包丁でそぎとり、みじん切りにする。たまねぎはみじん切りにする。

4 ボールにⒶと3を入れ、全体がひとまとまりになるまでよく混ぜる。8等分する。

5 キャベツの葉1枚を広げ、4をのせて包む。8個作る。

6 口径の広い鍋にⒷを入れて煮立て、5の巻き終わりを下にして並べ入れる。再び煮立ったらアクをとり、落としぶたをして、鍋のふたをずらしてのせ、弱めの中火で約25分煮る。煮汁ごと保存する。

食べるときは

温めて食べる。電子レンジで加熱するか、煮汁とともに小鍋に入れて温める。

ポイント

粒マスタードでくさみをカバー

粒マスタードを入れることで、肉くささがやわらぎます。ほのかな風味もアクセントに。

休日・肉

ドライカレー

ソースやはちみつで調味し、複雑な味わいに。飽きずに食べられます。

調理時間45分　1人分220kcal、塩分1.7g

冷蔵 **5** 日
COOL OK!

材料（4人分）

合いびき肉…200g
A
- カレー粉…大さじ1
- 塩・こしょう…各少々

にんにく…1片（10g）

B
- たまねぎ…½個（100g）
- にんじん…50g
- セロリ…½本（50g）
- しょうが…1かけ（10g）

バター…20g

C
- カレー粉…大さじ2
- トマト水煮（ホール）…200g
- 白ワイン…50㎖
- ウスターソース…大さじ1
- はちみつ…大さじ1

D
- 水…200㎖
- 固形スープの素…1個
- 塩…小さじ½
- こしょう…少々

ガラムマサラ（あれば）…小さじ½

作り方

1 ひき肉に**A**を混ぜる。

2 にんにくと**B**はみじん切りにする。深めのフライパンにバターとにんにくを入れて弱火にかける。香りが出たら**B**を入れ、たまねぎが透き通るまで弱めの中火で炒める。

3 1を加え、肉がパラパラになるまで中火で炒める。**C**を順に加え、そのつど全体をよく混ぜる。さらに**D**を加え、煮立ったら、ふたをずらしてのせ、汁気がほとんどなくなるまで約30分煮る。仕上げにガラムマサラを加えて混ぜ、火を止める。

食べるときは

そのままでも温めても。温めるなら電子レンジで加熱。ごはんにのせるほか、パンやパスタと合わせても。

ポイント

カレー粉は2段階に分けて

カレー粉は、ひき肉の下味と全体の味つけ、それぞれに使います。下味では、肉のくさみを消す役割も。

休日・肉

コーンのミートローフ
乾燥を防ぐため、なるべく切らずに保存します。

冷蔵**5**日
COOL OK!

調理時間25分　1人分323kcal、塩分1.3g

材料（4人分）

合いびき肉…400g
たまねぎ（みじん切り）…½個（100g）
　バター…10g
コーン（ホール）…120g
Ⓐ
　パン粉…カップ½（20g）
　卵…1個
　トマトケチャップ…大さじ2
　塩…小さじ½
　ナツメグ…少々
クッキングシート（30×25cm）…1枚

作り方

1 たまねぎは耐熱容器に入れ、バターをのせてラップをかけ、電子レンジで約2分（500W）加熱する。そのままさます。
2 ボールにひき肉、1、Ⓐを入れ、ねばりが出るまで混ぜ、コーンを加えてさらに混ぜる。オーブンを200℃に予熱する。
3 クッキングシートを敷き、2をのせて約15cm長さの円柱状に形作る。シートで巻き（両端はそのままでOK）、形を整える。200℃のオーブンで25〜30分焼き、竹串を刺して透明な汁が出たらとり出す。あら熱がとれたらシートをはずし、保存容器に入る大きさに切って保存する。

食べるときは
食べやすい大きさに切り分けて、そのままでも温めても。温めるなら電子レンジで加熱。

シートで包む

ポイント

クッキングシートで包んだままオーブンへ。形がくずれにくく、表面の乾燥も防げます。

休日・肉

チリコンカン

みじん切りはちょっと根気がいりますが、あとは炒めて煮るだけ。

冷蔵 **5**日
COOL OK!

調理時間25分　1人分282kcal、塩分1.2g

材料（4人分）

合いびき肉…200g
A
- たまねぎ…1個（200g）
- にんじん…½本（100g）
- セロリ…½本（50g）

にんにく…1片（10g）
オリーブ油…大さじ1
ミックスビーンズ…200g

B
- トマト水煮（カット）…400g
- 赤ワイン…50㎖
- チリパウダー＊…大さじ1½
- ソース＊＊…大さじ1
- 塩…小さじ½

塩・こしょう…各少々

＊赤とうがらしにクミンやオレガノを加えたミックススパイス。
＊＊中濃、ウスターなどお好みのものでOK。

作り方

1. にんにくはみじん切りにする。**A**は粗みじんに切る。
2. 深めのフライパンにオリーブ油とにんにくを入れて弱火にかける。香りが出たら、**A**を加えて中火で炒める。たまねぎが透き通ったら、ひき肉を加え、パラパラになるまでさらに炒める。
3. ミックスビーンズと**B**を加える。煮立ったら弱めの中火にし、汁気がほとんどなくなるまで10～12分煮る（ふたはしない）。塩・こしょう各少々で味をととのえる。

食べるときは

そのままでも温めても。温めるなら電子レンジで加熱。葉野菜で包んだり、ごはんやパンにのせたりしても。

肉だんごの黒酢あん

肉だんごは時間をかけて中までしっかり揚げます。

調理時間30分　1人分328kcal、塩分1.8g

冷蔵**5**日
COOL OK!

材料（4人分）

豚ひき肉…300g
Ⓐ ┌ 酒…大さじ1
　├ 塩…小さじ¼
　├ ごま油…小さじ2
　└ 卵…1個
Ⓑ ┌ たまねぎ…½個（100g）
　├ しょうが…1かけ（10g）
　└ かたくり粉…大さじ2
かたくり粉…大さじ2
揚げ油…適量
Ⓒ ┌ 砂糖・酒・しょうゆ・水…各大さじ2
　└ 黒酢…大さじ4
Ⓓ ┌ かたくり粉…小さじ1
　└ 水…小さじ2

作り方

1. たまねぎ、しょうがはみじん切りにする。ボールにひき肉を入れ、Ⓐを加えてねばりが出るまで混ぜる。Ⓑを加えてさらに混ぜ、20等分し、だんご状に丸める。
2. 1にかたくり粉大さじ2をまぶす。揚げ油を170℃に熱する。肉だんごを2回に分けて揚げる。ころがしながら4～5分かけて揚げ、油をきる。
3. フライパンにⒸを合わせて中火にかける。煮立ったらⒹの水溶きかたくり粉を加え、とろみがついたら火を止める。肉だんごを入れてからめる。

食べるときは

そのままでも温めても。温めるなら電子レンジで加熱。白髪ねぎをのせてもよい。

あんをからめてしっとり

あんをからめているのでパサつかず、冷たくてもおいしく食べられます。黒酢のきいたあんで、保存性もアップ。

枝豆しゅうまい

あんには濃いめに味をつけました。ぎょうざの手法で蒸し焼きに。

冷蔵 **4**日
COOL OK!

調理時間30分　1人分329kcal、塩分0.9g

材料（4人分）

豚ひき肉…300g
冷凍枝豆（さやつき）…200g
たまねぎ…½個（100g）
　かたくり粉…大さじ2
Ⓐ ┌ 砂糖・しょうゆ…各大さじ½
　 │ 塩…小さじ¼
　 │ オイスターソース…小さじ1
　 │ しょうが汁…小さじ1
　 └ こしょう…少々
Ⓑ ┌ ごま油…小さじ1
　 └ かたくり粉…大さじ2
しゅうまいの皮…24枚
サラダ油…少々

作り方

1 枝豆は熱湯でさっとゆでて、豆をさやから出す。飾り用に24粒をとりおき、残りは粗みじんに切る。たまねぎはみじん切りにしてボールに入れ、かたくり粉大さじ2をまぶす。
2 別のボールにひき肉、Ⓐ、枝豆（粗みじん）、たまねぎを入れてよく混ぜる。Ⓑを加えてさらに混ぜ、24等分する。
3 しゅうまいの皮に 2 をのせて包み、枝豆（飾り用）をのせる。
4 フライパンにサラダ油を塗り、しゅうまいの半量を入れて火にかける。すぐに湯50mℓ（材料外）を回し入れ、ふたをして弱めの中火で7～8分蒸し焼きにする。ひとつを竹串で刺し、透明な汁が出たら火を止める。残りも同様に蒸す。

食べるときは

そのままでも温めても。温めるなら電子レンジで加熱。

ポイント　手軽にフライパン蒸し

せいろや蒸し器がなくても、フライパンでかんたんに蒸せます。パチパチと音がしたら、竹串でチェックを。

休日・肉

2種の春巻き（えびとしそ/ハムとピーマン）

カリッと温められるよう、水気の少ない具を選び、細巻き仕立てに。

調理時間30分　1人分268kcal、塩分1.7g

冷蔵 **4**日

材料（4人分）

- えび（無頭・殻つき）…10尾（150g）
- しその葉…10枚
  - 塩…少々
- ピーマン…3個
- ハム…5枚
- A[マヨネーズ…大さじ1
   ゆずこしょう…小さじ½]
- 春巻きの皮…10枚
- B[小麦粉…大さじ1
   水…大さじ1]
- 揚げ油…適量

作り方

1. しそは軸をとり、縦半分に切る。ピーマンは縦半分に切って種とわたをとり、細切りにする。ハムは半分に切り、細切りにする。えびは殻をむいて厚みを半分にし、背わたがあればとる。すべて10等分する。春巻きの皮は半分に切る。Ⓐ、Ⓑはそれぞれ合わせる。
2. 皮を横長になるように置き、しそ、えびをのせて塩をふる（a）。縁にⒷを塗ってくるくると巻き、縁を押さえる。10本作る。
3. 同様に、ピーマンとハムを並べてⒶをのせる（b）。縁にⒷを塗ってくるくると巻き、縁を押さえる。10本作る。
4. 揚げ油を180℃に熱し、2、3を色よく揚げる。油をきる。

食べるときは

フライパンで温める。

ポイント

温め直しはフライパンで

さめるとしんなりしますが、フライパン（油はひかない）に並べてころがしながら温めると、カリッとします。

a

b

休日・魚介類

えびのミニグラタン

小さなカップでまとめて焼きます。「あと1品」にうれしい。

調理時間30分　1人分329kcal、塩分1.5g

冷蔵**3**日

材料（6×10cmのアルミカップ8個分）

むきえび…200g
　白ワイン…大さじ1
マカロニ…100g
[湯…1ℓ
[塩…大さじ½
たまねぎ…½個（100g）
マッシュルーム（水煮・スライス）…50g
バター…20g×2
小麦粉…大さじ4
牛乳…400ml
Ⓐ[スープの素…小さじ½
　[こしょう…少々
粉チーズ…大さじ1

作り方

1 分量の湯に塩を入れ、マカロニを表示どおりにゆでる。

2 えびはあれば背わたをとり、白ワインをふる。たまねぎは薄切りにする。

3 フライパンにバター20gを溶かし、たまねぎをしんなりするまで炒める。えびとマッシュルームを加えてさっと炒め、えびの色が変わったら残りのバターを入れる。小麦粉をふり入れ、粉っぽさがなくなるまで炒めたら、牛乳を加えてよく混ぜる。とろみがつくまで混ぜながら加熱し、Ⓐとマカロニを加えて混ぜる。塩少々（材料外）で味をととのえる。オーブンを200℃に予熱する。

4 3をアルミカップに分け入れる。粉チーズをふる。200℃のオーブンで6〜8分、薄く焼き色がつくまで焼く。

食べるときは

オーブントースターで温める。

ホワイトソースは具材と一緒に

小麦粉をしっかり炒めたら、牛乳を加えてよく溶けのばします。具材と一緒に煮て作るので手軽。

いわしのしょうが煮

栄養たっぷりの青魚がうれしい。筒切りだから、扱いもかんたん。

冷蔵 **5** 日
COOL OK!

調理時間50分　1人分167kcal、塩分2.1g

材料（4人分）

いわし…4〜5尾（500g）
しょうが…30g

Ⓐ
- 水…500mℓ
- 砂糖…大さじ4
- 酒・しょうゆ…各大さじ3
- みりん…大さじ2
- 酢…大さじ1

作り方

1 しょうがは薄切りにする。いわしは頭を切り落とし、頭側の切り口から内臓をとり除く。中をよく洗い、水気をふく。尾を落とし、3〜4等分の筒切りにする。

2 鍋にⒶを合わせて火にかける。煮立ったらいわしとしょうがを入れ、アクをとる。落としぶたをして弱火で30〜40分煮る（鍋のふたはしない）。落としぶたをとって火を強め、煮汁がほとんどなくなるまで煮つめる。

食べるときは

そのままでも温めても。温めるなら電子レンジで加熱。

かんたんオイキムチ

ふつうのキムチを活用すれば、専用の調味料がなくても作れます。

調理時間30分（漬ける時間は除く）　全量164kcal、塩分5.2g

冷蔵**3**日
COOL OK!

材料（作りやすい分量）

きゅうり…4本
　粗塩（なければ塩）…小さじ1
だいこん…50g
　粗塩（なければ塩）…ひとつまみ
はくさいキムチ…100g
桜えび（乾燥）…5g
Ⓐ［ナンプラー…小さじ1
　　ごま油…小さじ1

作り方

1 きゅうりは両端を少し切り落とし、長さを4等分にする。きゅうりを縦に置き、V字に切りこみを入れて一部を切りとる（a・下まで切らないように注意）。切りこみを入れたきゅうりに塩小さじ1をまぶし、皿などで重しをして10〜15分おく。さっと洗い、水気をしぼる。

2 だいこんは3〜4cm長さのせん切り、切りとったきゅうりは細切りにし、合わせてボールに入れて塩ひとつまみをまぶす。5〜10分おき、水気をしぼる。キムチは細切りにする。

3 桜えびは耐熱容器に入れ（ラップはしない）、電子レンジで約30秒（500W）加熱する。2と桜えび、Ⓐを合わせ、1のV字にのせる。冷蔵庫に2〜3時間ほどおく。

食べるときは
食べやすく切り分けてもよい。

a

休日・野菜

夏野菜の揚げびたし
冷蔵庫にある野菜で、季節に合わせて楽しめます。

調理時間20分　1人分124kcal、塩分1.5g

冷蔵**4**日
COOL OK!

材料（4人分）

かぼちゃ…200g
なす…2個（140g）
さやいんげん…100g
みょうが…8個
揚げ油…適量

Ⓐ
- だし…400ml
- 酒・みりん・しょうゆ…各大さじ2
- 砂糖…小さじ1
- 塩…小さじ1/8

作り方

1 かぼちゃは6～7cm長さ、5mm厚さに切る。なすはへたとがくをとり、縦に6～8つ割りにする。さやいんげんはへたを切り落とし、長さを半分に切る。みょうがは縦半分に切る。すべて水気をよくとる。

2 鍋にⒶを合わせて中火にかけ、ひと煮立ちしたらボールに入れる。

3 揚げ油を160℃に熱し、かぼちゃ、なすの順に揚げる。油の温度を170℃に上げ、いんげん、みょうがを揚げる。熱いうちに**2**につける。

食べるときは
そのままでも温めても。温めるならつけ汁とともに電子レンジで加熱。そうめんやうどんにのせてもよい。

ポイント

つけ汁はひと煮立ち
つけ汁は火にかけて砂糖を溶かします。酢を使わないやさしい味わいなので、煮立てると日もちの面でも安心。

休日・野菜

ラタトゥイユ

野菜を分けてしっかり加熱するので、汁気が出にくくうま味もアップ。

冷蔵**4**日
COOL OK!

調理時間30分　1人分116kcal、塩分0.9g

材料（4人分）

トマト…2個（400g）
たまねぎ…1個（200g）
なす…2個（140g）
ズッキーニ…2本（300g）
にんにく…1片（10g）
オリーブ油…大さじ2
Ⓐ ┌ 白ワイン…大さじ2
　├ 塩…小さじ2/3
　└ ローリエ…1枚

作り方

1 トマト、たまねぎ、なすは2～3cm角に切る。ズッキーニは1.5cm厚さの輪切りに、にんにくは薄切りにする。

2 フライパンにオリーブ油大さじ1を温め、なす、ズッキーニを入れる。ズッキーニに焼き色がつくまで、中火で4～5分炒める。とり出す。

3 フライパンにオリーブ油大さじ1とにんにくを入れて弱火にかける。香りが出たら、トマトとたまねぎを入れて、トマトの汁気にとろみがつくまで、中火で8～10分炒める。

4 3に2を戻し入れて、Ⓐを加える。時々混ぜながら約10分炒め煮にする（ふたはしない）。

食べるときは

そのままでも温めても。パンにのせたり、パスタとからめてもおいしい。

ポイント　野菜は分けて焼いておく
ズッキーニとなすは、表面がカリッとするまで炒めます。水分をカットするだけでなく、食感も維持できます。

いろいろ野菜のピクルス

野菜は、かぶやだいこん、きゅうりなどでも。

冷蔵 **2**週間
COOL OK!

調理時間30分（漬ける時間は除く）　全量 246kcal、塩分 10.2g

材料（作りやすい分量）

にんじん…1本（200g）
セロリ…1本（100g）
たまねぎ…½個（100g）
パプリカ（黄）…1個（150g）

Ⓐ
- 塩…大さじ2
- 水…400㎖

Ⓑ
- 酢…200㎖
- 白ワイン…80㎖
- 砂糖…50g
- 塩…大さじ⅔
- 粒こしょう（白・黒どちらでも）…10粒
- 赤とうがらし…1本
- ローリエ…1枚

作り方

1 ホーローかステンレスの鍋にⒷを入れて火にかけ、ひと煮立ちさせて火を止める。さます。

2 にんじんは1㎝厚さの輪切りにする。セロリは筋をとり、3㎝長さ、1㎝幅の斜め切りにする。たまねぎ、パプリカはひと口大に切る。

3 ボールにⒶを合わせ、2をつける（たて塩）。落としぶたや皿などをのせて重しをし、約20分おく。

4 3をざるにとり、保存容器に入れる。1をそそぐ。冷蔵庫に半日以上おく。

食べるときは
そのまま食べる。

たて塩でムラのない塩加減
野菜はたて塩をしてしんなりさせます。塩をふるよりも自然に、全体に塩がまわります。

休日・野菜

きゅうりの一本漬け

うま味のカギはこぶ茶。切り分けても、かぶりついても。

冷蔵 **3**日
COOL OK!

調理時間20分（漬ける時間は除く）　全量131kcal、塩分6.9g

材料（作りやすい分量）

きゅうり…8本
塩…小さじ2
Ⓐ　こぶ茶…大さじ1
　　酢…大さじ1½
　　砂糖…小さじ2
　　塩…小さじ1
　　赤とうがらし…1本

作り方

1 きゅうりは塩小さじ2をふってまな板の上でころがし、まぶしつける。10〜15分おき、さっと洗う。

2 とうがらしは種を除き、4等分に切る。ポリ袋にⒶを合わせ、きゅうりを入れてよくもむ。袋の空気を抜いて、冷蔵庫に2〜3時間おく（時々上下を返す）。

食べるときは

食べやすく切り分けるか、割り箸に刺してまるごと食べる。

厚焼き卵

はんぺん入りで、ふわふわの食感。朝ごはんやお弁当にぴったり。

冷蔵**4**日
COOL OK!

調理時間20分　1人分164kcal、塩分1.3g

材料（4人分）

卵…5個
はんぺん…100g
A ┌ 砂糖…大さじ3
　├ みりん…大さじ2
　└ しょうゆ…小さじ1
サラダ油…少々

作り方

1. はんぺんはざく切りにする。卵、はんぺん、Aをクッキングカッターに入れて、なめらかになるまで約15秒かける。
2. 直径20cmほどのフライパンに油を薄く塗り、弱火にかける。1を流し入れ、ふたをして、ごく弱火で7～8分焼く。
3. 焼き色がついたら、皿にすべらせるようにしてとり出し、裏返して戻し入れる。1～2分焼く。さめたら、食べやすい大きさに切り分ける。

食べるときは

そのままでも温めても。温めるなら電子レンジで加熱。

ポイント　クッキングカッターを活用

クッキングカッターを出すのは、時間のある休日向き。材料をかければ、あとは焼くだけ。意外にかんたんです。

ひじきとおからのヘルシーナゲット

肉は使わず、かたくり粉でもちもちの食感。食物繊維も豊富です。

冷蔵**4**日
COOL OK!

調理時間25分　1人分191kcal、塩分0.7g

材料（4人分）

おから…200g
かたくり粉…70g
水…100mℓ
Ⓐ ┌ 芽ひじき（乾燥）…5g
　├ 紅しょうが…20g
　└ ねぎ…10cm
Ⓑ ┌ いりごま（白）…小さじ1
　├ とりがらスープの素…小さじ1
　└ ごま油…小さじ1
サラダ油…大さじ2

作り方

1. ひじきは洗い、水に5〜10分つけてもどし、水気をきる。紅しょうがは粗みじんに切り、ねぎはみじん切りにする。
2. ボールにおからとかたくり粉を合わせる。分量の水を加えて手でよく混ぜ合わせる。Ⓐ、Ⓑを加えてそのつどよく混ぜ、こねる。12等分し、小判形にまとめる。
3. フライパンにサラダ油を温め、**2**を並べ入れて、中火で2〜3分焼く。焼き色がついたら裏返して弱火にし、ふたをして7〜8分焼く。

食べるときは

そのままでも温めても。好みでしょうゆやソースをつける。

具はアレンジOK

コーンやチーズ（きざむ）など、残りがちな食材を加えても。水気が出にくく、食感のよいものがおすすめです。

休日・その他

チーズのオイル漬け

チーズの種類はお好みで。日がたつにつれチーズに香りがつきます。

冷蔵2週間
COOL OK!

調理時間10分（漬ける時間は除く）　全量（オリーブ油200mlを含む）2388kcal、塩分3.2g

材料（作りやすい分量）

好みのチーズ*…計150g
A　にんにく…1片（10g）
　　オリーブ油…大さじ2
ローズマリー…1本
オリーブ油…200ml〜（容器に合わせる）
塩…少々

＊写真はプロセスチーズ、クリームチーズ、ゴーダチーズ。

作り方

1 にんにくは薄切りにする。チーズはひと口大に切る。ローズマリーは3等分にちぎる。
2 フライパンにを入れ、弱火でにんにくが色づくまで炒める。
3 保存容器に2（油ごと）、チーズ、塩を入れ、オリーブ油がチーズの表面をおおうまでそそぐ。ローズマリーをのせる。冷蔵庫に1日以上おく。

食べるときは

チーズはそのまま食べるほか、パンやパスタ、サラダにのせて食べる。オイルはパンにつけて食べるほか、サラダのドレッシングなどに活用できる。オリーブ油が固まった場合は、食べる少し前から常温におく。

ポイント　にんにくは先に炒める

にんにくは生のまま使うと水分が出ていたみやすくなるため、先に炒めます。油に香りを移す目的も。

食べるときのひと工夫

「そのまま食べられる」のが魅力といえど、
おいしく食べるためには、少し手をかけましょう。
食べるときに少し工夫をするだけで、ぐんとおいしく食卓を囲めます。

食べる分だけ器に盛る

保存容器には、そのまま温められるものも多く出回り、とっても便利。ですが、保存容器から直接食べるのはなるべく避けて、食べる分だけ盛りつけましょう。その方が衛生的ですし、大皿に移し替えたり、1人分ずつに盛りつけたりと、食器によって食卓の雰囲気がアップします。

葉野菜や香味野菜を用意する

葉野菜があるとないとでは大違い。見ばえがよくなりますし、脂っぽいおかずの口直しにもなります。レタスなどは、洗ってよく水気をきったものを冷蔵庫に入れておくと、手軽に野菜を追加できます（翌日中に食べきる）。香味野菜は、多めにきざんでおくと、おかずの薬味や汁の吸い口に活躍。冷蔵庫で2～3日もちます。

主食とうまく組み合わせる

紹介したおかずの中には、ごはんやパン、パスタなどと組み合わせておいしいレシピもあります。ごはんにのせる、パンにはさむ、パスタとあえるなど、目先を変えて食べ方を工夫してみましょう。そのまま食べるのとはひと味ちがうおいしさを楽しめます。

何を作るか迷ったら

日々の食事を支える作りおきのおかずですが、
「どんな作りおきを作ったらいいの？」と、数やバランスなどに迷うことも。
そんなときは、下記をヒントにしてみてください。

献立＝一汁三菜に合うもの

献立は「ごはん＋汁＋主菜＋副菜1、2品」の一汁三菜（または二菜）が基本。作るおかずに悩んだら、まずは献立を思い浮かべて、主菜と副菜のどちらの作りおきがあるとうれしいか考えて1、2品作ってみてはいかがでしょうか。慣れてくると、必要なおかずを選びやすくなるはず。皮をむいたり下ゆでしたりと、下ごしらえに時間がかかる野菜のおかずは、多めに作っておくと安心です。

味や食材のバランスをとる

何品か作ったおかずが、肉ばかりだったり、すっぱいおかずばかりだったり…といったことはありませんか？　作りおきおかずや、それを使った献立は、味つけや食材が偏らないように注意しましょう。「肉と魚」「すっぱいものと甘味のあるもの」「葉ものと根菜」というように、バランスを考えて作ります。

「まとめて」作れるおかずを選ぶ

おかずを何品か作るときは、「まとめて」または「並行して」作業できるおかずを選ぶと、効率よく作れます。たとえば、キャベツの大きい葉で「ロールキャベツ」(p.74)を作り、煮ている間に、小さい葉で「コールスロー」(p.40)を作る。「夏野菜の揚げびたし」(p.88)の野菜を揚げた油で、「2種の春巻き」(p.83)を揚げる、など。材料のムダを防ぐことにもつながります。

アレンジOK！ 三度おいしい作りおき

そのまま食べてもおいしいおかず。
少し手を加えると、主食や別のおかずに変身します！
どれも手軽なアレンジで、新しいおいしさに出会えます。

レモン風味の塩どり

レモンのさわやかな風味がほんのり。ゆで汁は分けて保存します。

冷蔵**3**日
COOL OK!
※ゆで汁は2日

調理時間25分（おく時間は除く）　1人分（ゆで汁を除く）182kcal、塩分0.4g

材料（作りやすい分量）

とりむね肉…2枚（500g）
塩…小さじ1
レモン汁…大さじ1
A ┌ 水…800㎖
　└ 酒…大さじ1
ねぎ（緑の部分）…20g
しょうが…1かけ（10g）
赤とうがらし…½本

作り方

1 とり肉に塩、レモン汁をまぶして、10〜15分おく。
2 ねぎは包丁の腹でつぶす。しょうがは皮ごと薄切りにする。とうがらしは種をとる。
3 鍋にⒶ、肉、2を入れて火にかける。煮立ったらアクをとり、ふたをずらしてのせ、弱火で15〜20分煮る。
4 ゆで汁と肉に分けて保存する（ねぎ、しょうが、とうがらしは除く）。

食べるときは

そのままでも温めても。温めるなら電子レンジで加熱。食べやすく切り、葉野菜などを添えるとよい。

塩どりの白あえ

Arrange

調理時間15分　1人分211kcal、塩分1.4g

材料（2人分）

塩どり…80g
にんじん・さやいんげん・しめじ…各50g
A［ だし…50ml
　　砂糖…小さじ1
　　みりん・うすくちしょうゆ…各大さじ½ ］
とうふ（もめん）…½丁（150g）
B［ 練りごま（白）・みりん…各大さじ1
　　塩…小さじ⅙ ］

作り方

1 とうふは手でざっとくずし、ざるにとって水きりする。にんじんは3cm長さのたんざく切り、いんげんは3cm長さに切る。しめじは小房に分ける。塩どりは厚みを半分にして薄切りにする。
2 鍋にⒶ、にんじん、しめじを入れ、ふたをして中火で3～4分煮る。ふたをとり、いんげんを加えて、汁気がほとんどなくなるまで煮る。さます。
3 ボールにとうふとⒷを入れ、泡立器でなめらかになるまで混ぜる。2と塩どりを加えてあえる。

塩どりのフォー

Arrange

調理時間15分　1人分376kcal、塩分1.8g

材料（2人分）

塩どり…100～120g
フォー＊…150g
もやし…½袋（100g）
紫たまねぎ…50g
塩どりのゆで汁…600ml
A［ ナンプラー…大さじ1
　　赤とうがらし（小口切り）…½本 ］
香菜（シャンツァイ）・レモン・こしょう…各適量

＊ベトナム料理の平うちめん。

作り方

1 たまねぎは薄切り、レモンはくし形切り、香菜は2～3cm長さに切る。塩どりは薄切りにする。
2 フォーは表示どおりにゆでて、水でさっと洗う。
3 鍋に塩どりのゆで汁を入れて火にかけ、煮立ったらⒶともやし、フォーを加える。再び煮立ったら器に入れ、塩どり、たまねぎ、香菜、レモンをのせてこしょうをふる。

三度おいしい・肉

ソースそぼろ

ソースのスパイシーな風味が食欲をそそります。

調理時間15分　1人分148kcal、塩分1.2g

冷蔵**4**日
COOL OK!

材料（4人分）

合いびき肉…200g
たまねぎ…1/2個（100g）
サラダ油…小さじ2
塩…小さじ1/3
こしょう…少々
ウスターソース…大さじ2

作り方

1 たまねぎはみじん切りにする。
2 フライパンに油を温めてたまねぎを入れ、しんなりするまで中火で炒める。ひき肉を加え、パラパラになるまでしっかり炒める。弱めの中火にし、塩、こしょう、ウスターソースを加えて、汁気がなくなるまで炒める。

食べるときは

そのままでも温めても。温めるなら電子レンジで加熱。ごはんにのせたりパンにはさんだりして食べる。

Arrange そぼろとにんじんのショートパスタ

調理時間15分　1人分413kcal、塩分1.6g

材料（2人分）

ソースそぼろ…100g
コンキリエ＊…120g
［湯…1.5ℓ　塩…小さじ2］
にんじん…小1本（150g）
にんにく（みじん切り）…1片（10g）
オリーブ油…大さじ1
粉チーズ・粗びき黒こしょう…適量

＊貝の形をしたパスタ。ペンネで代用可。

作り方

1 にんじんは5～6mm角に切る。
2 鍋に分量の湯を沸かし、塩を加える。コンキリエを入れ、表示の時間の2分前ににんじんを加える。ざるにとって水気をきる。
3 フライパンにオリーブ油とにんにくを入れて弱火で炒める。香りが出たらそぼろと2を入れてさっと炒める。皿に盛り、粉チーズと黒こしょうをふる。

Arrange そぼろの温玉サラダ

調理時間5分　1人分201kcal、塩分1.1g

材料（2人分）

ソースそぼろ…100g
レタス…150g
［酢・サラダ油…各大さじ½
　塩・こしょう…各少々
温泉卵（市販）…2個

作り方

1 レタスは5～6cm長さ、1cm幅に切る。ボールに🅐を合わせ、レタスをあえる。
2 皿に1を広げ、そぼろ、温泉卵をのせる。卵をくずし、混ぜながら食べる。

三度おいしい・魚介類

えびと枝豆の小判焼き

えびたっぷりのさつま揚げ風。えびとれんこんの食感がアクセント。

冷蔵4日 COOL OK!

調理時間30分　1人分166kcal、塩分0.8g

材料（4人分）

むきえび…300g
　酒…大さじ1
れんこん…100g
冷凍枝豆（さやつき）…60g
A ┌ 卵…½個
　├ かたくり粉…大さじ1
　└ 塩…小さじ¼
サラダ油…大さじ2

作り方

1 枝豆は熱湯でさっとゆでて、豆をさやからとり出す。
2 れんこんは皮をむき、半量は7〜8mm角に切る。残りはクッキングカッターに入る多きさに切ってとりおく。
3 えびは背わたがあれば除き、酒をふってもみこむ。⅓量は粗くきざみ、残りはとりおく。
4 クッキングカッターに、とりおいたれんこんとえび、Aを入れ、なめらかになるまでかける。
5 4をボールに入れ、刻んだれんこんとえび、枝豆を加えて混ぜる。12等分し、手に水少々（材料外）をつけて、小判型に形作る。
6 フライパンに油を温め、5を並べ入れる。弱めの中火で3〜4分焼く。裏返し、ふたをして6〜7分焼く。

食べるときは

そのままでも温めても。温める場合は電子レンジで加熱。レモンをしぼってもよい。

小判焼きの和風サラダ

調理時間10分　1人分133kcal、塩分0.8g

材料（2人分）

小判焼き…3個
だいこん…100g
にんじん…30g
水菜…50g

<ドレッシング>
しょうゆ・酢…各大さじ½
ゆずこしょう…小さじ⅛～¼
オリーブ油…大さじ1½

作り方

1 だいこん、にんじんは4㎝長さのせん切りにする。水菜は4㎝長さに切る。小判焼きは1㎝幅に斜めに切る。
2 ボールにドレッシングの材料を合わせ、**1**を加えて混ぜる。

小判焼きの春雨スープ

調理時間10分　1人分145kcal、塩分1.8g

材料（2人分）

小判焼き…3個　しいたけ…2個
チンゲンサイ…1株(150g)　春雨…15g
にんにく（みじん切り）…小1片(5g)
しょうが（みじん切り）…1かけ(10g)
ごま油…小さじ1
Ⓐ[水…400㎖、酒…大さじ1、しょうゆ…小さじ1、とりがらスープの素…小さじ½]
塩・粗びき黒こしょう…各少々

作り方

1 しいたけは薄切り、チンゲンサイは株のまま3㎝長さに切り、根元は6～8つ割りにする。小判焼きは半分のそぎ切りにする。
2 鍋にごま油、にんにく、しょうがを入れて弱火で温め、香りが出たらⒶを加えて中火にする。煮立ったら、しいたけ、チンゲンサイの茎、春雨を加えて2～3分煮る。
3 小判焼きとチンゲンサイの葉を加え、1～2分煮る。塩、黒こしょうで味をととのえる。

三度おいしい・魚介類

さんまのオイル煮

オリーブ油で身はしっとり。さんまが旬の季節にぜひ作りたい。

調理時間30分(つけおく時間は除く)　1人分190kcal、塩分1.6g

冷蔵**1**週間
COOL OK!

材料（4人分）

さんま…2尾(300g)
白ワイン…50㎖
塩…大さじ½
A[ローリエ…1枚
　　タイム…1枝
　　にんにく(薄切り)…1片(10g)
　　粒こしょう(白)…小さじ½]
オリーブ油…150㎖

作り方

1 さんまは頭を切り落とし、包丁の刃先で内臓をとり除く(a)。菜箸などで内臓や血合いをよく洗い(b)、水気をふく。尾を切り落とし、長さを4等分にする。

2 トレーに白ワインと塩を合わせ、さんまを20〜30分つける(途中で上下を返す)。

3 さんまの汁気をよくふく。さんまがひと並べに入る大きさの鍋に、さんまを並べ入れる。Ⓐとオリーブ油を加え、弱めの中火で7〜8分加熱する。細かい泡が出てきたら、時々上下を返しながら、さらに7〜8分加熱する。火を止め、そのままさます。さめたらアクをとり、にんにくを除いてオイルごと保存容器に入れる。

食べるときは
そのままでも温めても。温める場合は電子レンジで加熱。パンやサラダにのせてもよい。

さんまとじゃがいものハーブグリル

調理時間20分　1人分365kcal、塩分2.4g

材料（2人分）

さんまのオイル煮…1尾分（4切れ）
じゃがいも…1個（150g）
たまねぎ…¼個（50g）
A［牛乳…大さじ4
　　塩・こしょう…各少々］
ピザ用チーズ…40g
B［パン粉…大さじ3
　　バジルの葉…4枚
　　にんにく…小1片（5g）］

作り方

1 じゃがいもは皮をむいて5mm幅の細切りにする。たまねぎは薄切りにする。
2 バジルとにんにくは粗みじんに切り、Bは合わせる。さんまは骨を除く。
3 耐熱容器に1、Aを入れて、ラップをかけて電子レンジで約3分（500W）加熱する。
4 3にさんまをのせ、チーズ、Bの順に重ねる。オーブントースターで焼き色がつくまで2〜3分焼く。

さんまの梅だれ丼

調理時間10分　1人分477kcal、塩分3.8g

材料（2人分）

さんまのオイル煮…1尾分（4切れ）
しその葉…5枚
焼きのり…½枚
温かいごはん…300g
いりごま（白）…大さじ1
A［梅干し…1個（20g）
　　ぽん酢しょうゆ…大さじ1
　　みりん…大さじ½］

作り方

1 さんまは骨を除く。しそは軸を除き、せん切りにして水にさらし、水気をきる。
2 梅干しは種をとって果肉をたたく。Aは合わせる。
3 ごはんにごまを混ぜる。
4 丼に3を盛り、のりをちぎってのせる。さんまをのせてAをかけ、しそをのせる。

三度おいしい・野菜

かんたんザワークラウト
本来は発酵させて作るドイツ料理ですが、酢を使って手軽に。

調理時間20分　1人分25kcal、塩分1.3g

冷蔵**5**日
COOL OK!

材料（4人分）

キャベツ…300g
　塩…小さじ1
赤とうがらし…½本
ローリエ…1枚
Ⓐ ┌ 砂糖…小さじ1
　├ 酢…大さじ2
　└ 白ワイン…大さじ1

作り方

1. とうがらしは種を除く。キャベツは7〜8cm長さ、5mm幅に切る。フライパンに入れて塩を加え、しんなりするまで手でよくもむ（しぼらない）。
2. 1に、とうがらし、ローリエを加え、ふたをして弱火にかける。時々混ぜながら、しんなりするまで約10分加熱する。火を止める。
3. Ⓐを加えてひと混ぜする。そのままさます。

食べるときは
そのまま食べる。肉料理のつけ合わせやパンにはさんで食べても。

ザワークラウトのさけちらし

調理時間15分　1人分372kcal、塩分1.2g

材料（4人分）

ザワークラウト…できあがりの½量（130g）
温かいごはん…600g
生さけ…2切れ（160g）
Ⓐ ┌ 塩…小さじ¼
　 └ 酒…大さじ1
イクラ…40g

作り方

1 さけにⒶをふり、約5分おく。汁気をふく。グリルの強火で6～8分、両面をよく焼く。皮と骨を除いて身はほぐす。
2 ごはんにザワークラウトを混ぜる。皿に盛り、さけの身、イクラをのせる。

ザワークラウトビーンズ

調理時間5分　1人分184kcal、塩分1.5g

材料（2人分）

ザワークラウト…できあがりの½量（130g）
ミックスビーンズ…100g
にんにくのすりおろし…少々
オリーブ油…大さじ½
塩…少々

作り方

1 ボールにザワークラウト、ミックスビーンズ、にんにく、オリーブ油を合わせて混ぜる。塩で味をととのえる。

材料別さくいん

肉

- **とり肉**

とり肉とだいこんの煮もの ………… 14
とり肉とごぼうの黒こしょう炒め …… 15
とりむね肉の白ワイン蒸し ………… 16
ささみのわさび酢あえ ……………… 17
筑前煮 …………………………………… 62
韓国風甘辛チキン …………………… 64
とりレバーのソース煮 ……………… 65
レモン風味の塩どり ………………… 100

- **豚肉**

豚肉の和風カレー煮 ………………… 18
野菜たっぷり酢豚風炒め …………… 19
豚しゃぶとわかめの中華あえ ……… 20
揚げ豚のエスニックソース ………… 21
みそ味煮豚と煮卵 …………………… 66
白みそ味の和風ポトフ ……………… 68
スペアリブのフライパン焼き ……… 70
五目きんぴら ………………………… 71

- **牛肉**

牛肉とたけのこのしぐれ煮 ………… 22
牛肉と野菜の赤ワイン煮 …………… 72

- **ひき肉**

ねぎハンバーグ ……………………… 23
ひき肉の油揚げロール ……………… 24
とりみそつくね ……………………… 25
高菜そぼろ …………………………… 26
ロールキャベツ ……………………… 74
ドライカレー ………………………… 76
コーンのミートローフ ……………… 78
チリコンカン ………………………… 79
肉だんごの黒酢あん ………………… 80
枝豆しゅうまい ……………………… 82
ソースそぼろ ………………………… 102

- **加工肉**

ジャーマンポテト（ウィンナー） …… 53
切り干しだいこんのナポリタン（ハム）…… 54
カラフル野菜のスパニッシュオムレツ（ベーコン） ……………………………… 55
2種の春巻き（ハム） ………………… 83

魚介類

- **いか**

いかとセロリのレモンマリネ ……… 30

- **いわし**

いわしのしょうが煮 ………………… 86

- **えび**

えびとマッシュルームのオイル煮 …… 31
2種の春巻き ………………………… 83
えびのミニグラタン ………………… 84
えびと枝豆の小判焼き ……………… 104

- **さけ**

さけの焼きびたし …………………… 27

- **さば**

さばの黒酢揚げ ……………………… 28

- **さんま**

さんま缶のトマト煮 ………………… 34
さんまのオイル煮 …………………… 106

- **たこ**

たこと大豆のマリネ ………………… 32

- **ツナ缶詰**

ツナといんげんの落とし焼き ……… 35

- **ほたて**

ほたてのエスカベーシュ …………… 33

- **わかさぎ**

わかさぎの南蛮漬け ………………… 29

野菜

[あ]

- **青菜**

青菜のシンプルナムル ……………… 36

- **枝豆**

枝豆しゅうまい ……………………… 82
えびと枝豆の小判焼き ……………… 104

[か]

- **かぶ**

かぶのもずく酢あえ ………………… 37

- **かぼちゃ**

かぼちゃの甘みそあえ ……………… 52
夏野菜の揚げびたし ………………… 88

- **カリフラワー**

たこと大豆のマリネ ………………… 32

- **きのこ**

ささみのわさび酢あえ（しめじ）…… 17
野菜たっぷり酢豚風炒め（しいたけ）…… 19
さけの焼きびたし（エリンギ） …… 27
えびとマッシュルームのオイル煮 …… 31
まいたけとわかめの炒めナムル …… 41
塩炒めなます（しいたけ） ………… 48
しいたけのみそマヨチーズ焼き …… 50
切り干しだいこんのナポリタン（マッシュルーム） ……………………………… 54
筑前煮（しいたけ） ………………… 62
えびのミニグラタン（マッシュルーム）… 84

- **キャベツ**

コールスロー ………………………… 40
キャベツとセロリのめんつゆあえ …… 43
ロールキャベツ ……………………… 74
かんたんザワークラウト …………… 108

- **きゅうり**

かんたんオイキムチ ………………… 87
きゅうりの一本漬け ………………… 93

- **ごぼう**

とり肉とごぼうの黒こしょう炒め …… 15
ごぼうの豆乳みそ煮 ………………… 39
筑前煮 …………………………………… 62
五目きんぴら ………………………… 71

[さ]

- **さやいんげん**

豚肉の和風カレー煮 ………………… 18
ツナといんげんの落とし焼き ……… 35
夏野菜の揚げびたし ………………… 88

- **ししとうがらし**

ししとうとじゃこのごまぽん炒め …… 51

- **じゃがいも**

ジャーマンポテト …………………… 53

- **ズッキーニ**

ズッキーニの梅おかか ……………… 49
ラタトゥイユ ………………………… 90

- **セロリ**

いかとセロリのレモンマリネ ……… 30
さんま缶のトマト煮 ………………… 34
キャベツとセロリのめんつゆあえ …… 43

クミンビーンズ ……………………… 56
牛肉と野菜の赤ワイン煮 …………… 72
ドライカレー ………………………… 76
チリコンカン ………………………… 79
いろいろ野菜のピクルス …………… 92

[た]

・だいこん
とり肉とだいこんの煮もの ………… 14
だいこんのからしマヨ炒め ………… 45
塩炒めなます ………………………… 48
白みそ味の和風ポトフ ……………… 68
かんたんオイキムチ ………………… 87

・たけのこ
牛肉とたけのこのしぐれ煮 ………… 22
たけのこのかか煮 …………………… 46

・たまねぎ
とりむね肉の白ワイン蒸し ………… 16
野菜たっぷり酢豚風炒め …………… 19
揚げ豚のエスニックソース ………… 21
いかとセロリのレモンマリネ ……… 30
ほたてのエスカベーシュ …………… 33
さんま缶のトマト煮 ………………… 34
ジャーマンポテト …………………… 53
切り干しだいこんのナポリタン …… 54
カラフル野菜のスパニッシュオムレツ… 55
クミンビーンズ ……………………… 56
韓国風甘辛チキン …………………… 64
牛肉と野菜の赤ワイン煮 …………… 72
ロールキャベツ ……………………… 74
ドライカレー ………………………… 76
コーンのミートローフ ……………… 78
チリコンカン ………………………… 79
肉だんごの黒酢あん ………………… 80
枝豆しゅうまい ……………………… 82
えびのミニグラタン ………………… 84
ラタトゥイユ ………………………… 90
いろいろ野菜のピクルス …………… 92
ソースそぼろ ……………………… 102

・トマト
トマトのらっきょうドレッシング … 47
ラタトゥイユ ………………………… 90

[な]

・長いも
ささみのわさび酢あえ ……………… 17

・なす
なすのごま煮 ………………………… 44
夏野菜の揚げびたし ………………… 88
ラタトゥイユ ………………………… 90

・にんじん
野菜たっぷり酢豚風炒め …………… 19
わかさぎの南蛮漬け ………………… 29
コールスロー ………………………… 40
にんじんとねぎのザーサイあえ …… 42
キャベツとセロリのめんつゆあえ … 43
塩炒めなます ………………………… 48
筑前煮 ………………………………… 62
牛肉と野菜の赤ワイン煮 …………… 72
ドライカレー ………………………… 76
チリコンカン ………………………… 79
いろいろ野菜のピクルス …………… 92

・ねぎ
豚肉の和風カレー煮 ………………… 18
ねぎハンバーグ ……………………… 23
ひき肉の油揚げロール ……………… 24
とりみそつくね ……………………… 25
さけの焼きびたし …………………… 27
わかさぎの南蛮漬け ………………… 29
にんじんとねぎのザーサイあえ …… 42
白みそ味の和風ポトフ ……………… 68

[は]

・はくさい
白みそ味の和風ポトフ ……………… 68

・パプリカ
ほたてのエスカベーシュ …………… 33
カラフル野菜のスパニッシュオムレツ… 55
五目きんぴら ………………………… 71
いろいろ野菜のピクルス …………… 92

・ピーマン
切り干しだいこんのナポリタン …… 54
カラフル野菜のスパニッシュオムレツ… 55
五目きんぴら ………………………… 71
2種の春巻き ………………………… 83

・ブロッコリー
えびとマッシュルームのオイル煮 … 31

[ま]

・もやし
豆もやしのカレーマリネ …………… 38

・みょうが
夏野菜の揚げびたし ………………… 88

[ら]

・れんこん
筑前煮 ………………………………… 62
えびと枝豆の小判焼き …………… 104

海藻・乾物・大豆製品など

・海藻
かぶのもずく酢あえ ………………… 37
豚しゃぶとわかめの中華あえ ……… 20
まいたけとわかめの炒めナムル …… 41

・乾物
ひじきとおからのヘルシーナゲット … 95
切り干しだいこんのナポリタン …… 54
のりのつくだ煮 ……………………… 58

・こんにゃく、しらたき
しらたきのピリ辛ぽん酢いり ……… 57
筑前煮（こんにゃく） ……………… 62
五目きんぴら（しらたき） ………… 71

・大豆製品、豆
ひき肉の油揚げロール ……………… 24
たこと大豆のマリネ ………………… 32
塩炒めなます（油揚げ） …………… 48
クミンビーンズ（ミックスビーンズ）… 56
チリコンカン（ミックスビーンズ） … 79
ひじきとおからのヘルシーナゲット … 95

・卵
カラフル野菜のスパニッシュオムレツ… 55
みそ味煮豚と煮卵 …………………… 66
厚焼き卵 ……………………………… 94

・チーズ
しいたけのみそマヨチーズ焼き …… 50
チーズのオイル漬け ………………… 96

・漬物
高菜そぼろ …………………………… 26
トマトのらっきょうドレッシング … 47
かんたんオイキムチ ………………… 87

111

ベターホームのお料理教室

ベターホーム協会は1963年に創立。
「心豊かな質の高い暮らし」をめざし、日本の家庭料理や暮らしの知恵を、
生活者の視点からお伝えしています。
活動の中心である「ベターホームのお料理教室」は全国で開催。
毎日の食事作りに役立つ調理の知恵や、健康に暮らすための知識などを、
わかりやすく教えています。

＜お料理教室の問い合わせ・資料のご請求＞
お料理教室は５月と11月に開講します。
パンフレットは、お電話またはホームページよりお申込みください。
TEL 03-3407-0471
http://www.betterhome.jp/

料理研究	ベターホーム協会（大須賀眞由美・片山満寿美）
撮影	原ヒデトシ
スタイリング (p.100-109)	青野康子
デザイン	宇都宮三鈴
校正	武藤結子
編集	ベターホーム協会（星名文絵）

そのまま食べる作りおき
発行日／2017年９月１日

編集・発行／ベターホーム協会
〒150-8363
東京都渋谷区渋谷1-15-12
TEL 03-3407-0471（編集）
TEL 03-3407-4871（出版営業）
http://www.betterhome.jp/

ISBN978-4-86586-033-7
乱丁・落丁はお取替えします。本書の無断転載を禁じます。
©The Better Home Association,2017,Printed in Japan